Collection

HANNIET

Education civique

J.-P. Hanniet
Instituteur, Maire, Conseiller général, Conseiller régional

C. Barbe
Inspecteur départemental de l'Éducation nationale

Ph. Machu
Directeur d'école

F. Merlette
Institutrice

M. Ledieu
Psychologue scolaire

V. Hanniet
Licencié en informatique

Illustrations de
Catherine Beaumont
Laurence Duc

CM 1. CM 2

Bordas

Programme

L'élève, plus attentif à la société qui l'entoure, procède à l'examen des principales institutions et accède à l'esprit qui les anime. Il découvre le rôle de la France dans le monde.

La Déclaration des Droits de l'Homme et du Citoyen : 1789.

La Déclaration universelle des Droits de l'Homme : 1948.

Les libertés (association, réunion, expression) et *les droits* (droit au travail, droit de grève) : les acquis depuis 1789.

Les institutions de la France :

Notre Constitution :
La loi : qui la fait ? qui l'exécute ? qui juge de son application ?
L'organisation administrative : administration centrale, région, département, canton, commune.

Vie et pratiques sociales :

Présentation d'un grand service public (P.T.T., S.N.C.F., etc.) et de son rôle.
La notion de Sécurité sociale (exemples).
Étude d'une association ou d'une mutuelle.
L'information et les sondages.
La sécurité routière.

La France dans le monde :

L'armée et la défense nationale. La paix.
L'Europe.
Les relations et les institutions internationales.
La reconnaissance des autres cultures et civilisations.
La nation et l'humanité.

Le citoyen et la République.

Couverture : Illustration de Serge Bloch
Maquette :
Conception Bruno Loste
Montage Christian Blangez
Recherche iconographique : Catherine Delleré

© Bordas, Paris, 1987
ISBN 2-04-016820-6

Avertissement

Ce livre d'éducation civique conçu, comme celui du cours élémentaire, par des enseignants impliqués dans la vie locale, se veut efficace pour :
— développer le sens de la responsabilité personnelle,
— inciter à être attentif à la vie collective,
— acquérir, par la recherche et l'action, le sens des valeurs qui fondent la vie démocratique de notre pays,
— faire découvrir la raison et le rôle des institutions de la République française, la place de la France dans le monde,
— attirer l'attention sur la nécessaire défense et promotion des Droits de l'Homme.

Les institutrices et instituteurs, quelles que soient leurs méthodes pédagogiques, y trouveront matière à prolonger leur enseignement de l'éducation civique, à le mieux structurer ou à l'aborder avec facilité. L'ouvrage — conforme aux instructions officielles — fait en effet appel à l'expérience personnelle de l'élève et lui suggère de nombreuses pistes de recherche individuelle ou en équipe.
La tâche des maîtres en sera ainsi facilitée et l'autonomie de l'élève — futur citoyen — accentuée.
C'est pourquoi le traditionnel sommaire s'adresse aux élèves.

Les auteurs

N.B. — Les auteurs remercient toutes les personnes qui les ont aidés à élaborer cet ouvrage, en particulier Madame Colette Debon et Monsieur Alain Bénedetti.

Sommaire de la première partie

Que tu sois une fille ou un garçon, tu es une personne unique ayant une identité qui la distingue de toutes les autres.

Tu es responsable de tes actes partout où tu te trouves.

Être responsable de ses actes, c'est à la fois, apprendre à respecter des règles de conduite, apprendre à décider seul de sa propre conduite après s'être informé, avoir discuté, pris conseil. Être responsable, c'est choisir librement ce que l'on veut faire en ayant réfléchi aux conséquences de son choix.

Les pages marquées de la silhouette t'aideront à prendre conscience de tes responsabilités personnelles sur le chemin de l'école, dans la vie scolaire et associative...

Le dossier « agir ensemble » t'invite à comprendre ta responsabilité personnelle dans la vie démocratique de la coopérative scolaire, d'une association, et te prépare à comprendre l'importance du vote dans la vie nationale de notre pays. Les informations qu'il t'apporte te seront utiles pour d'autres leçons.

Sommaire de la deuxième partie

C'est par leur travail que les parents assurent la vie matérielle de la famille. Qu'ils viennent à le perdre à la suite d'une maladie, d'un accident ou d'un licenciement, des lois leur permettront de recevoir un minimum de ressources pour faire vivre leur famille.

Ce qui est vrai à notre époque ne l'a pas toujours été. Ces lois, qui garantissent des droits reconnus par la Déclaration des Droits de l'Homme et du Citoyen en 1789 et plus tard par d'autres textes, sont des conquêtes sociales. Pour les obtenir, les hommes ont souvent dû lutter.

Sont ainsi reconnus, en France : le droit au travail, le droit de grève, le droit à l'éducation et à la formation permanente, le droit à la sécurité sociale, le droit au logement, le droit à l'information...

Ta famille et toi-même pouvez bénéficier chaque jour de nombreux services organisés pour répondre à vos besoins et à vos droits.

Ces droits ne sont pas les mêmes dans tous les pays du monde.

Ils ont été acquis, dans le nôtre, à la suite de révoltes, de luttes, de grèves, de négociations, de lois établies par les différents gouvernements de la France, que tu découvriras à travers l'histoire de ces conquêtes sociales.

Les pages marquées de la silhouette d'une famille t'aideront à comprendre comment fonctionnent la solidarité, l'information, l'organisation du travail dans notre pays.

CM 1 — CM 2

Sommaire de la troisième partie

C'est dans ta commune que tu passes la plus grande partie de ton temps.

La commune est la plus petite collectivité territoriale de la France.

Si tu habites un village tu en connais les limites, les bâtiments et les espaces qui le composent et peut-être aussi le maire et des membres du conseil municipal qui l'administrent.

Si la commune où tu vis est plus importante, il faut que tu sois curieux pour la connaître au-delà de ton quartier et pour savoir quelles personnes forment le conseil municipal.

Que tu habites une petite ou une grande commune, tu sais de quel département et de quelle région elle fait partie.

Les pages marquées de la silhouette de la France te feront découvrir les rôles joués par le conseil municipal, le conseil général, le conseil régional qui administrent la commune, le département, la région.

Elles te feront découvrir aussi le gouvernement de la France et le rôle des lois qui s'appliquent à tous les citoyens de notre pays où qu'ils vivent.

CM 1 — CM 2

Sommaire de la quatrième partie

Dans la vie de tous les jours, tu te sers d'objets industrialisés importés du monde entier ou fabriqués en France avec des matières premières parfois venues de pays étrangers.

Tu manges des fruits et des viandes et tu portes des vêtements venus de tous les continents ; que tu te chauffes au fioul, au charbon, à l'électricité, ton confort ne dépend pas que des ressources du territoire français.

Ta vie quotidienne dépend des productions de nombreux pays du monde. C'est pourquoi des règles internationales sont établies pour régler les problèmes industriels et politiques entre les pays.

Les pages marquées du planisphère t'invitent à comprendre la situation de notre pays en Europe et dans le monde, les problèmes qui existent entre les pays dits « riches » et les pays « pauvres »... Elles t'invitent aussi à réfléchir aux moyens à mettre en œuvre pour sauvegarder la paix mondiale.

CM 1 — CM 2

1 La pyramide a 15 m de haut et 15 m de côté. Elle a été réalisée avec des carcasses de voitures pour le pavillon Sécuroute de la Foire de Rouen en 1985. Ces 150 carcasses représentent une semaine d'accidents dans le département de Seine-Maritime.

1 La sécurité routière
1. Un règlement pour tous.

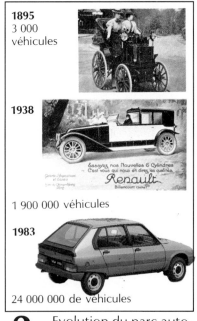

1895
3 000
véhicules

1938

1 900 000 véhicules

1983

24 000 000 de véhicules

2 Evolution du parc automobile français.

« D'hier à aujourd'hui »

10 mars 1899 : attention aux excès de vitesse !

Les automobiles effraient les animaux, font faire des écarts aux chevaux et il n'est pas rare que les paysans leur jettent des pierres au passage ! Le gouvernement et un décret du 10 mars 1899 limite la vitesse à 30 km/h en rase campagne et à 20 km/h dans les agglomérations.

De 1899 à 1987 : avec le temps, le réseau routier s'est amélioré, les voitures se sont multipliées et perfectionnées, le code de la route s'est compliqué.

1987 : aujourd'hui, les autoroutes sont aménagées spécialement pour les véhicules automobiles. Les piétons et les cyclistes sont interdits !

Les piétons regagnent leurs droits. Dans de nombreuses villes, on aménage des « zones piétonnières » interdites aux voitures.

On s'oriente actuellement vers un code de la route européen.

En France, en 1985, 616 enfants de moins de 15 ans, ont été tués sur la route et 27 025 ont été blessés.

Ces chiffres doivent te faire prendre conscience de tes responsabilités. Tu es piéton et cycliste. Tu seras, peut-être, dans quelques années, motocycliste, plus tard automobiliste.

Ton devoir est de comprendre la nécessité d'un règlement. Tu dois commencer par connaître l'essentiel du code de la route !

(Voir également document p. 124).

3 Les accidents.

SIGNALISATION LUMINEUSE

Feu rouge :
   interdiction de passer

Feu orange (ou jaune) :
   interdiction de passer

Feu vert :
   autorisation de passer

Les flèches lumineuses apportent des précisions.

SIGNALISATION HORIZONTALE

Une ligne continue ne peut être franchie. C'est comme un « mur ».

Une ligne discontinue peut être franchie si les circonstances le permettent.

Des flèches orientées précisent les directions.

SIGNALISATION VERTICALE : les principaux panneaux

 Les triangles blancs bordés de rouge **signalent un danger.** Ce danger est représenté par un point d'exclamation ou symbole le précisant.

 Les ronds blancs cerclés de rouge **signalent une interdiction.** Exemple : interdit à tout véhicule.

 Les ronds blancs barrés de bleu **mettent fin aux interdictions.** Exemple : fin des interdictions précédemment signalées (sauf le stationnement).

 Les ronds bleus **signalent une obligation.** Exemple : chemin obligatoire pour piétons.

  Les rectangles et les carrés **donnent des indications** ou des renseignements. Exemple : arrêt d'autobus.

4 Les différentes signalisations.

Exercices

● **Certains des panneaux suivants comportent des erreurs. Lesquelles ? Pourquoi ?**

● **Recherche et dessine les panneaux qui s'adressent :**

   . **uniquement aux cyclistes**
   . **uniquement aux piétons.**

2. Mes responsabilités.

Quelles sont les différentes signalisation dans ce carrefour ?

5 Pour éviter les accidents, une bonne conduite dans la rue vaut mieux que tous les discours. Quels sont les enfants qui suivent ce conseil ?

6 Une zone piétonne à Paris.

■ **Je suis responsable, comme piéton**

Pour faciliter la vie du piéton dans les villes,

— on a élargi les trottoirs

— on a tracé des passages protégés

— on a aménagé des refuges au centre de larges avenues. Ils permettent de traverser en deux fois.

— dans les endroits dangereux, on construit des passages souterrains ou des passerelles.

Mais ma meilleure protection, c'est ma vigilance et ma responsabilité.

Où le piéton est-il en sécurité ?

■ Je suis responsable, comme cycliste

Comme il faut entretenir, vérifier une voiture, il faut le faire pour sa bicyclette.

Quels sont les points sensibles à vérifier ?

Que t'impose le code de la route pour que tu puisses rouler la nuit en sécurité ?

7 Une bicyclette correctement équipée.

■ Je suis responsable, comme passager

8 Relève les cinq conseils qui te paraissent les plus importants.

9 Que penses-tu de ce slogan ?

Recherche - Action

● **Avec tes camarades, construis la maquette d'un carrefour en rase campagne ou en ville.**

● **Illustre une campagne de sécurité sur le thème :**

« Je suis piéton - je suis fragile - je veille sur moi. »

● **Invente d'autres slogans.**

1 Pendant les vacances, beaucoup de gens se déplacent. Des « itinéraires bis » sont mis en place pour faciliter la circulation.

2 La sécurité routière
1. Une organisation complexe.

2 Une voie romaine.

« D'hier à aujourd'hui »

Quand notre pays s'appelait la Gaule, les voyageurs se déplaçaient à travers bois et champs. A l'époque gallo-romaine, on construisit des voies qu'empruntaient les chars et les cavaliers. Puis carosses et diligences remplacèrent les chars. Et enfin, il y a une centaine d'années, l'automobile fut inventée.

La première course automobile eut lieu en 1894 entre Paris et Rouen. De 1900 à nos jours, il a fallu améliorer considérablement le réseau routier pour que toutes les voitures puissent circuler dans de bonnes conditions.

Des ponts, des passages souterrains, des autoroutes, des carrefours ont été construits pour renforcer la sécurité des usagers de la route.

Il a fallu limiter la vitesse de circulation et mettre en place un système permanent de guidage des automobilistes.

La sécurité routière est l'affaire de tous. Elle mobilise un grand nombre de personnes. Elle commence tôt : tu connais sans doute la mini-piste de la Prévention routière où les enfants des écoles s'entrainent et apprennent. Plus tard, les auto-écoles formeront les conducteurs.

Au ministère de l'Equipement, des ingénieurs conçoivent le réseau routier. Sur le terrain, des améliorations sont apportées. Les gendarmes préviennent et aident ; quand il le faut, ils dressent procès-verbal. En cas d'accident, ils interviennent rapidement, de même que les pompiers et le S.A.M.U.

3 Mini-piste de la Prévention routière.

LA PREVENTION ROUTIERE

Voici tout ce que nous avons pu faire en 1986 grâce à vous :

LES JEUNES

● 850.000 élèves ont participé aux épreuves du Concours National Scolaire dans 18.000 Ecoles.
● 1.700.000 enfants ont fréquenté nos 485 Pistes d'Education Routière.
● 500.000 manuels scolaires "La Prévention Routière" ont été distribués dans les Ecoles.
● 6.500 Collèges ont reçu des dossiers de diapositives.

● 3.740 villes de France ont pris part au Challenge Municipal Interpistes.
● 17 pays ont participé à la Coupe Scolaire Internationale.
● 300.000 jeunes ont préparé et passé le Test National Cycliste.
● 185.000 jeunes soldats se sont inscrits aux épreuves du Concours National Militaire.

LES ADULTES

● 1.320.000 conducteurs ont fait vérifier leur véhicule à l'occasion de la campagne "Eclairage et Signalisation".
● 1.000.000 de personnes se sont arrêtées sur les Aires de Repos de La Prévention Routière.
● 60 diffusions sur les 3 chaînes T.V. des films "Auto-Macho. Auto-Bobo".
● 120.000 automobilistes ont fait vérifier leur véhicule dans les 180 Centres de Diagnostic Correspondants.

● 50.000 brochures et documents ont été diffusés dans les entreprises.
● 150.000 affiches Campagne "Auto-Macho, Auto-Bobo", ont été diffusées sur les routes nationales et dans les principales villes.
● Notre magazine "AUTO-MOTO", tiré à 350.000 exemplaires, est lu chaque mois par 2,8 Millions de lecteurs.

MERCI

4 Une association au service de l'éducation routière.

5 Le ministère de l'Equipement s'occupe de l'entretien et de l'amélioration des routes.

Exercices

● **Qui intervient pour améliorer la sécurité routière ?**

● **Cherche et reproduis dans ton cahier le sigle de la Prévention routière.**

● **Renseigne-toi sur les vitesses maximales autorisées, en France, sur les différents types de routes (autoroute, route nationale...).**

2. De nombreux partenaires.

6 Accident de la route.

● Qui intervient dans cet accident ?

● Que penses-tu de l'attitude des gens qui se sont arrêtés ?

Depuis avril 1987, les parlementaires français ont voté, à l'unanimité, une loi qui punit sévèrement la conduite en état d'ivresse. L'alcool est, en effet, une des causes principales des accidents mortels.

■ Les P.C. (postes de commandement)

7 Le P.C. de l'autoroute A 1.

Lors des grands départs ou retours de vacances, lors de certaines fins de semaine,

— pour prévenir les accidents,

— pour mettre en place des itinéraires de délestage,

— pour guider les automobilistes, les gendarmes sont mobilisés.

Ils analysent et surveillent la circulation.

Les renseignements qu'ils transmettent sont regroupés au PC de Rosny pour la région parisienne, au PC de Créteil pour le reste de la France.

Les automobilistes sont informés par la radio ; on leur signale les bouchons, les embouteillages, les itinéraires les plus dégagés.

■ La gendarmerie au service des usagers

Les gendarmes sont toujours présents sur les routes. Leur seule présence a un effet bénéfique. Ils aident et assistent les usagers en difficulté. Sur les autoroutes, les bornes téléphoniques permettent de les appeler.

Ils constatent infractions et délits puis transmettent les dossiers à la justice.

8 Ces motards de la gendarmerie surveillent la circulation.

■ Pompiers, médecins, ambulanciers au service des accidentés

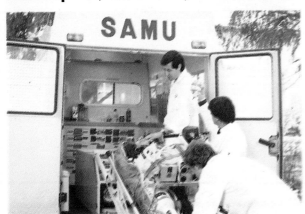

Le témoin d'un accident doit, au plus tôt, aviser la gendarmerie (en campagne) ou le commissariat (en ville). Les gendarmes ou les agents envoient en priorité les pompiers pour les premiers secours et les problèmes matériels.

En cas de besoin, les médecins interviennent, notamment avec les S.A.M.U. (Service d'aide médicale d'urgence).

L'hôpital le plus proche se met en alerte. Au besoin, on évacue les blessés par hélicoptère.

9 Arrivée d'une ambulance S.A.M.U. au service des urgences d'un hôpital.

■ Des chiffres pour réfléchir :

Victimes piétons	1970	1975	1980	1983	1984
Tués	3 202	2 517	2 195	1 879	1 760
Blessés graves	16 714	14 828	13 664	10 973	10 386
Blessés légers	24 225	28 549	28 348	24 668	23 620

Le nombre total de piétons accidentés a diminué entre 1970 et 1984.

Essaie de réfléchir aux différentes causes de cette bonne évolution des statistiques.

Essaie de la mettre en valeur par une représentation graphique.

(Voir également document p. 124).

Recherche - Action

● **Fais des propositions pour améliorer la sécurité à la sortie de ton école.**

● **Demande au maître (à la maîtresse) d'inscrire ta classe au concours de la Prévention routière.**

● **Avec tes camarades, tracez dans la cour « une piste de sécurité routière » ; construisez en carton les différents panneaux correspondants au tracé de votre piste. Utilisez-la pour contrôler vos connaissances.**

Enfants, enseignants, parents ont conçu, avec l'aide financière de la coopérative scolaire, un projet d'amélioration de l'environnement de l'école. Ils réalisent ensemble la plantation de fleurs, d'arbres et la construction de jeux.

1

3 La vie scolaire :
une préparation à la vie d'adulte.

Une école à la fin du siècle dernier.
Décris la scène.

2

«D'hier à aujourd'hui»

Longtemps, les connaissances nécessaires à la vie quotidienne furent transmises oralement d'une génération à l'autre.

De rares écoles, souvent dirigées par des prêtres, dispensaient, à un petit nombre d'enfants privilégiés, en latin, un enseignement de caractère religieux.

En 1882, les lois de Jules Ferry, ministre de la IIIᵉ République rendent l'instruction primaire gratuite, obligatoire et laïque. Dans la plupart des communes s'ouvrent alors des écoles publiques où tous les enfants ont la possibilité d'apprendre à lire, écrire et compter et de pouvoir s'informer, communiquer, penser librement. Aujourd'hui, dans une société qui se transforme, l'école évolue :

- elle associe les parents à la vie scolaire à travers le conseil d'école, notamment ;

- elle prépare les enfants à suivre l'enseignement du collège et à maîtriser les nouveaux outils d'enseignement et de communication : moyens audio-visuels, informatique...

L'école publique accueille tous les enfants quelles que soient leur origine, leur religion, les opinions de leur famille : elle est laïque.

L'Etat paie les instituteurs, la commune entretient les locaux et fournit le matériel : l'école est gratuite pour les élèves.

L'école est obligatoire pour les enfants de 6 à 16 ans.

Par ses efforts personnels, son travail, sa participation à la vie de la classe et son respect des règles, chaque élève prépare sa vie future d'homme et de citoyen.

3 L'école pour tous.

En quoi le retard de cet élève est-il préjudiciable à lui-même et à ses camarades ?

Comment cette élève, en établissant son emploi du temps, peut-elle concilier loisirs et travail ?

Une seule de ces élèves, qui voudrait bien répondre aussi, s'autodiscipline. Pourquoi les autres devraient-ils l'imiter ?

En ne respectant pas le règlement de l'école, cette élève risque d'en perturber la vie. Pourquoi ? Est-ce une attitude responsable ?

4 **Quelques responsabilités personnelles.**

Exercices

● **Relève avec tes camarades cinq points importants du règlement de l'école qui engagent la responsabilité personnelle de chaque élève.**

● **Relève les attitudes positives qui permettent d'améliorer le travail en classe.**

Les discussions en classe permettent de s'habituer aux échanges nécessaires dans la vie scolaire, associative et professionnelle.

Quels sont les sujets qui peuvent être discutés ?

5 La maîtresse et les élèves ont organisé leur classe pour pouvoir dialoguer facilement. Ils débattent ensemble de l'organisation du travail pour la semaine à venir.

6 Un nouvel atelier : l'informatique.

■ Les buts de l'école élémentaire

L'école apporte à l'enfant des connaissances essentielles : lecture, mathématiques, expression orale et écrite ; elle l'aide à devenir autonome et responsable.

Recherche ce que permettent dans ta vie actuelle les disciplines enseignées.

Recopie les deux listes ci-dessous et relie-les avec des flèches.
Compare tes réponses avec celles de tes camarades.

- Lecture
- Grammaire, orthographe
- Mathématiques
- Histoire
- Géographie
- Sciences et technologie
- Education physique
- Education civique
- Activités manuelles et artistiques
- Expression écrite

- me distraire
- m'informer
- Connaître mon environnement
- Communiquer avec les autres
- Connaître mes possibilités
- Participer à la vie de la classe
- Acquérir des connaissances
- Savoir réfléchir

AIDER LES AUTRES

Ces enfants aident une camarade qui a des difficultés pour mener à bien son travail. Comment doivent-ils intervenir pour que cette aide soit efficace ?

PARTICIPER A LA VIE DE LA CLASSE

Nathalie	essuyage tableau - arrosage plantes - nourriture poissons
Rachid	bibliothèque
Sandrine	matériel peinture (nettoyage des pots)
Romain	rangement classe
Bakou	affiches - photos
Carmela	matériel informatique

Le rangement de matériel collectif, son entretien, la décoration de la classe sont des actions collectives décidées en commun. Comment les élèves se sont-ils organisés dans cette classe ?

PRENDRE EN CHARGE LES ACTIVITÉS COMMUNES

La gestion et le rangement de la bibliothèque font partie des tâches de la vie scolaire. Que se passerait-il s'ils n'étaient pas assurés régulièrement par les élèves ?

COOPÉRER AVEC MES CAMARADES

Un groupe d'élèves rédige une lettre en vue d'obtenir une visite guidée dans un musée. Pourquoi la rédaction de cette lettre demande-t-elle la participation de plusieurs élèves ?

7 Mes responsabilités dans la vie collective.

Lexique

Une classe est dite en **autodiscipline** quand les problèmes d'ordre et de discipline sont discutés et gérés par les élèves eux-mêmes.

L'école publique et **laïque** est l'école de l'Etat. Elle est ouverte à tous et respecte les idées de chacun.

L'école privée n'appartient pas à l'Etat mais à des associations, à des familles, à des personnes particulières. Elle est **confessionnelle** quand elle enseigne des idées religieuses particulières.

Le **citoyen** (de la cité) est une personne qui a des droits et des devoirs envers son pays.

Recherche - Action

● **Recherche des métiers où le travail d'équipe est indispensable.**

● **Recherche des situations que l'entraide et la solidarité ont aidé à résoudre.**

— Tu vois cette belle maison? Elle renferme la mairie et l'école.

1 Chaque commune apporte sa participation à l'instruction des enfants en entretenant une école ouverte à tous. L'Etat, les régions, les départements contribuent au service public de l'éducation.

4 La vie scolaire :
l'affaire de tous.

2 Une imprimerie avec sa presse, au XVIᵉ siècle. Inventée au XVᵉ siècle, l'imprimerie a favorisé la diffusion des connaissances.

«D'hier à aujourd'hui»

Le savoir des hommes s'est enrichi, à travers les siècles, d'inventions et de techniques nouvelles.

L'écriture permit d'en garder la trace. Les livres furent recopiés à la main jusqu'à l'invention de l'imprimerie au XVᵉ siècle.

Au XVIIIᵉ siècle, l'*Encyclopédie* (dictionnaire raisonné des sciences, des arts et des métiers) avait pour but de faire connaître les progrès de la science et de la pensée dans tous les domaines.

Les connaissances, depuis cette époque, se sont accrues considérablement.

Au fur et à mesure du développement de la société, les métiers se sont spécialisés et il a fallu donner davantage d'instruction aux enfants pour qu'ils puissent les exercer.

De nos jours, alors que la scolarité est obligatoire de 6 à 16 ans, de nombreux jeunes poursuivent leurs études au-delà pour mieux se préparer au monde de demain.

CM2

En 1882, lorsque les écoles publiques furent créées, l'école des filles et l'école des garçons étaient séparées. Celle des garçons les préparait à la vie professionnelle, celles des filles à la vie familiale.

La société a évolué. Les écoles sont devenues mixtes et, aujourd'hui, l'enseignement de base est le même pour les filles et les garçons. Cela favorise l'égalité des chances même si, dans la vie professionnelle, cette égalité n'est pas encore complète.

Dans notre pays, le droit à l'instruction est maintenant reconnu à tous les enfants. Chacun doit utiliser au mieux les moyens mis à sa disposition pour préparer son avenir et participer à l'évolution de notre monde.

3 Manuels de classe de fin d'études, 1959. Comme la société, l'école et les programmes évoluent.

■ Le conseil d'école

● Les enseignants de chaque école se réunissent en conseil de maîtres pour débattre de la vie de l'école et de la scolarité de leurs élèves.

● Les parents d'élèves élisent chaque année leurs représentants au conseil d'école.

Le conseil d'école réunit les enseignants, les parents élus, le maire (ou son représentant) et différentes personnes intéressées à la scolarité des enfants : médecin scolaire — psychologue — assistante sociale...

Il débat de tous les aspects de la vie scolaire.

4 Le conseil d'école se réunit une fois par trimestre. Quelles sont les personnes réunies ici ?

Ordre du jour du Conseil d'École 18 février

1° Lecture et adoption du procès-verbal du précédent dossier

2° Amélioration de la sécurité devant l'école

3° Projet de kermesse

4° Aide aux élèves qui lisent mal

5° Questions diverses

Exercices

● **Avec tes camarades, construis un ordre du jour pour un conseil de ton école.
Vous y ferez figurer tous les problèmes que vous souhaitez voir traiter.**

● **Demande à ton maître l'ordre du jour du dernier conseil d'école. Compare-le avec celui que vous auriez proposé.**

● **Recherche d'anciens livres scolaires et compare les avec les tiens.**

■ L'école maternelle

L'école maternelle n'est pas obligatoire, mais elle joue un rôle important dans l'éveil et la réussite scolaire des enfants.

Selon les communes, l'école maternelle accueille les enfants de 2 à 6 ans.

A partir de quel âge les enfants sont-ils accueillis dans ta commune ?

5 A l'école maternelle, les enfants découvrent un monde plus vaste que le milieu familial. Les enseignants sont aidés dans leur tâche par des agents communaux (agents spécialisés des écoles maternelles) et, parfois, des parents.

■ L'école élémentaire

L'école élémentaire, obligatoire à partir de 6 ans, accueille les enfants du cours préparatoire au cours moyen.

Elle assure l'acquisition des disciplines fondamentales, suscite le développement de l'intelligence, de la sensibilité, des aptitudes manuelles et physiques. Elle offre une initiation aux arts plastiques et musicaux. Avec les parents elle assure l'éducation générale de l'enfant.

En concertation avec l'enseignant, des « intervenants extérieurs » (moniteurs municipaux, parents, etc.) peuvent participer à diverses activités : ateliers musique, poterie, lecture, informatique, éducation physique et sportive... ou encadrer des sorties-nature ou des visites diverses.

6 Avec la maîtresse, un moniteur spécialisé aide les élèves de cette classe à construire des instruments de musique.

7 La « Journée des Métiers » dans ce collège fait intervenir des personnes non enseignantes.

■ Le collège

De la sixième à la troisième, le collège approfondit les connaissances, apprend à maîtriser l'écrit, l'oral et l'image, donne l'habitude du travail personnel.

Les enseignants font parfois appel à des personnes extérieures pour informer les élèves.

Le conseil d'établissement associe la direction du collège, des enseignants, des parents d'élèves, des élèves élus ainsi que le maire de la commune et différentes personnalités.

Les élèves, à partir de 16 ans, peuvent choisir d'exercer un métier ou de poursuivre leurs études au collège ou au lycée.

8 Ces étudiants en chimie font un stage dans un laboratoire sous la conduite d'un chef de service.

■ Les lycées - Les universités...

De la seconde à la terminale, les lycées achèvent la formation générale, font passer le « baccalauréat » ou des brevets professionnels, amorcent une spécialisation dans différentes matières ou apportent un enseignement professionnel et technique.

Pour un nombre de plus en plus important d'étudiants, les universités et les « grandes écoles » complètent la formation générale ou professionnelle et préparent à la vie active.

Les étudiants sont amenés, au cours de leur scolarité, à faire des stages dans les entreprises ou les services publics.

Lexique

L'université reçoit les jeunes après le baccalauréat. Ils y reçoivent un enseignement supérieur. L'université est composée de facultés (droit, lettres, sciences, médecine...).

Les **« grandes écoles »** préparent à des professions comme celles d'ingénieur, d'administrateur ou de professeur...

Certaines dépendent de ministères et sont publiques, comme l'Ecole polytechnique (ministère des armées). D'autres sont privées.

Recherche - Action

● **Recherche les raisons qui font qu'il y a plus d'élèves à l'école élémentaire qu'à l'école maternelle ou au lycée.**

● **Note les différentes personnes qui participent à la vie de l'école en plus des enseignants.**

● **Avec tes camarades, élaborez un projet qui vous semble important et proposez-le au conseil d'école : aménagement d'un coin de cour, d'un atelier-cuisine, d'une sortie, d'un voyage...**

Les membres de la coopérative scolaire ont décidé ensemble de faire une exposition-spectacle. Ils sont tous réunis pour son organisation. Chacun peut faire des suggestions et donner son avis. La réalisation de ce projet se fera avec la participation de tous.

1

5 La vie associative :
agir ensemble.

2 Congrès de l'O.C.C.E. (Office central de la coopération à l'école) en 1985.

«D'hier **à aujourd'hui**»

Les coopératives scolaires sont véritablement nées au lendemain de la Première Guerre mondiale. Elles avaient alors essentiellement pour but d'équiper les classes souvent dépourvues de tout matériel et d'aider les élèves particulièrement démunis.

Sous l'impulsion du maître, la coopérative a souvent associé à cette œuvre d'entraide les parents d'élèves et les amis de l'école.

Petit à petit, elle s'est orientée vers des domaines plus éducatifs : bibliothèque, loisirs, échanges scolaires. Les membres de la coopérative scolaire élaborent des projets, organisent des productions, se donnent en votant des représentants, gèrent un budget, présentent un bilan financier... associent les élèves à la vie de l'école.

LA CRÉATION D'UN CLUB D'ÉCHECS

David aime jouer aux échecs. Il a rencontré tous ses camarades de classe. Comment pourrait-il s'améliorer ?

Il veut trouver d'autres partenaires, participer à des tournois. Comment faire ?

Il fait paraître une annonce dans le journal local. Arrivera-t-il à rassembler les amateurs locaux ?

Plusieurs personnes lui ont écrit. Il les a invitées à se retrouver à la mairie. Elles décident de créer une association : « Le club d'échecs ».

Le club est devenu le lieu de rencontre des amateurs d'échecs de la ville.

Le club s'inscrit à la fédération nationale d'échecs. David espère représenter son club au prochain tournoi régional.

LE FONCTIONNEMENT DU CLUB

Pour que le club fonctionne bien, les participants ont défini des règles et se sont fixés des objectifs :
— horaires des rencontres pour l'entraînement et l'étude.
— organisation de rencontres avec d'autres clubs.
— participation financière pour acheter un jeu électronique, du matériel, s'abonner aux revues spécialisées...

Adhérer au club, c'est s'engager à respecter les règles définies et à participer aux rencontres, aux entraînements, aux réunions qui organisent la vie du club.

Si des adhérents ne respectent pas ces règles, le club ne pourra fonctionner et risque de disparaître.

3 Le club d'échecs de David.

Lexique

Une **coopérative** est une entreprise où les droits de chaque associé (coopérateur) à la gestion sont égaux et où le profit (gain) est réparti entre eux.
La coopération est l'action de participer à une œuvre commune.
Il existe des coopératives d'achat, de vente, de production...

Recherche - Action

● **Recense les associations de ton quartier ou de ta commune.**

● **Comment fonctionnent les associations dont tu es membre ?**

ASSEMBLÉE GÉNÉRALE DE L'ÉTOILE SPORTIVE

1 Au cours de l'assemblée générale qui regroupe tous les membres de l'association pour faire le point des activités de l'année et présenter les comptes, les dirigeants de l'équipe sportive remettent des médailles aux joueurs qui se sont distingués.

6 La vie associative :
une œuvre commune.

2 Un compagnon charron au XIXe siècle.

«D'hier à aujourd'hui»

Se grouper, s'associer, permet aux hommes de mieux se défendre ou, au contraire, de dominer, de faire valoir des idées, de réaliser ce qu'un homme seul ne peut faire. Dès le XIe siècle, des laïcs créent des associations professionnelles et d'entraide. Dans les villes qui commencent à se développer, les membres d'un même métier se groupent en corporations pour s'entraider et défendre leurs intérêts.

Plus tard, quand les règles des corporations favorisent les maîtres (patrons), les compagnons (ouvriers) se réunissent dans les compagnonnages.

Selon les époques, et suivant leurs buts, les associations seront interdites, tolérées ou favorisées par le pouvoir qui craint leur influence. Il faudra attendre la fin du XIXe siècle, et même 1901, pour que le droit d'association soit reconnu et fixé par la loi. Depuis cette date, ce droit n'a pas été remis en question.

Une association est une convention entre deux ou plusieurs personnes pour mettre en commun leurs connaissances, leurs moyens dans un autre but que celui de gagner de l'argent. La loi de 1901 permet de créer librement toute association à condition de ne rien proposer de contraire à la loi et de ne pas troubler l'ordre public.

Une association est dite « déclarée » quand elle a déposé ses statuts et le nom de ses administrateurs à la préfecture. La parution au *Journal officiel* marque l'existence légale de l'association.

3 Une association pour la promotion du folklore.

---

27 juin 1985. Déclaration à la sous-préfecture de Mayenne. **Mutuelle d'entraide « Coups Durs » de Saint-Germain-de-Coulamer.** *Objet :* assurer les travaux agricoles les plus urgents dans les exploitations des adhérents malades, opérés ou accidentés. *Siège social :* mairie, Saint-Germain-de-Coulamer, 53700 Villaines-la-Suhel.

25 juin 1985. Déclaration à la préfecture du Morbihan. **Association de défense des propriétaires du lotissement des Diligences, à Ploërmel.** *Objet :* défendre les intérêts collectifs des propriétaires du lotissement des Diligences, à Ploërmel. *Siège social :* chez Mme Gadegbekou (Chantal), 2, rue du Relais, 56800 Ploërmel.

17 juin 1985. Déclaration à la préfecture des Bouches-du-Rhône. **L'Enfant qui pleure. L'Enfant qui rit. (Association pour le droit au bien-être de l'enfant (A.L.D.A.B.E.L.E.).** *Objet :* sensibiliser le plus grand nombre de personnes aux problèmes de l'enfance (et plus particulièrement aux problèmes de l'enfance défavorisée) et créer, avec leur aide, un lieu d'accueil familial en milieu rural. *Siège social :* 7, place des Héros, Château-Gombert, 13013 Marseille.

24 juin 1985. Déclaration à la sous-préfecture de Soissons. **Association vézaponienne pour la lecture.** *Objet :* promouvoir le livre et la lecture dans tous ses aspects. *Siège social :* mairie, Vézaponin, 02290 Vic-sur-Aisne.

14 juin 1985. Déclaration à la sous-préfecture de Boulogne-sur-Mer. **Association des jeunes pour le tiers monde.** *Objet :* aider le tiers monde en procurant à ses populations les moyens d'atteindre leur autonomie alimentaire : informer le public des difficultés de ces régions et des réalisations de l'association. *Siège social :* 300, rue Roger-Salengro, 62230 Outreau.

25 juin 1985. Déclaration à la préfecture des Côtes-du-Nord. **Folklore du Lié.** *Objet :* promotion de la danse et de la musique folklorique locales. *Siège social :* mairie, 22150 Ploeuc-sur-Lié.

Voici quelques associations déclarées au *Journal officiel* du 10 juillet 1985.

● Note l'objet, le siège social de chacune d'elles.

● Recherche pour chaque association si son action vise à rassembler les gens d'un quartier, d'une commune ou d'une zone plus étendue.

● Classe ces associations en fonction des domaines d'activité suivants :

LOISIRS ET DÉTENTE
CULTURE
DÉFENSE D'INTÉRÊTS PARTICULIERS
ENTRAIDE ET ACTION HUMANITAIRE
SPORTS
POLITIQUE

Chaque association déclarée doit déposer ses *statuts : Les statuts* sont l'ensemble des articles qui précisent les buts de l'association et règlent son fonctionnement.

Le Journal officiel est le journal de la République où figurent les lois, les décrêts... et les déclarations d'association.

---

 4 Des associations déclarées.

Lexique

Les **laïcs** sont la partie de la population qui n'appartient pas au clergé.

Le **compagnonnage** est l'association d'ouvriers d'une même profession dans un but d'entraide et d'apprentissage mutuels.

Tolérer c'est accepter des idées, des opinions ou des comportements différents des siens.

Recherche - Action

● **Cherche et colle dans ton cahier des images et des textes évoquant les grandes associations humanitaires.**

● **Collectionne des articles de journaux mettant en évidence les activités de différentes associations locales.**

Quand tu participes activement à la vie de la classe, de l'école, des associations dont tu es membre, tu découvres que très souvent tes camarades et toi, vous n'êtes pas automatiquement d'accord et qu'il faut des règles pour que se dégage une volonté commune au groupe.

Ces règles, fixées par le règlement de la classe, de l'école, les statuts de l'association, reposent sur le droit de vote qui permet à chacun d'exprimer son opinion.

Voter, c'est choisir entre des projets différents, entre des candidats ou des candidates différents.

Voter, c'est aussi accepter que le projet, le candidat qui obtient le plus de voix (de suffrages) soit le projet retenu ou le candidat élu.

Le droit de vote et le choix entre plusieurs solutions caractérisent la vie démocratique, que ce soit au niveau de la classe, de l'école, de l'association et des différents niveaux de la vie démocratique de notre pays.

Ce dossier veut t'aider à comprendre ce qu'est le droit de vote et les différentes règles de la vie démocratique française.

PETITE HISTOIRE DU VOTE

C'est à Athènes, en Grèce, dans l'Antiquité, qu'a été inventé le mode de gouvernement appelé démocratie (gouvernement par le peuple).

La démocratie se caractérise par le vote qui permet aux électeurs d'élire leurs représentants.

En Grèce, les représentants étaient désignés par le vote des seuls citoyens libres qui se réunissaient sur l'Agora.

L'histoire du droit de vote est liée à la question : qui peut voter ?

En France, la Révolution française, ayant condamné la monarchie absolue et affirmé que l'homme n'était plus un sujet mais un citoyen, a posé le principe du suffrage universel : 1 homme = 1 voix.

Ce principe a toujours été appliqué ensuite, mais a été d'abord réduit aux hommes les plus riches, ceux qui paient une somme importante d'impôts : le cens.

En 1848, la IIe République a établi le suffrage universel pour tous les hommes âgés de plus de 21 ans.

Ce n'est qu'en 1945 que les femmes ont obtenu le droit de vote : 1 homme = 1 femme = 1 voix. Le suffrage est vraiment universel depuis cette date.

En 1974, l'âge pour voter (la majorité électorale) a été abaissé de 21 ans à 18 ans.

Dès 18 ans, tu pourras voter, donner ton avis en choisissant : c'est un droit, mais aussi un devoir. L'exercer, c'est être un citoyen, une citoyenne responsable.

EN CLASSE

Pour choisir entre plusieurs activités possibles ce jour-là, le maître consulte les élèves. Tous les élèves présents votent à main levée.

Dans une classe, tous les participants sont électeurs et disposent du droit de vote.

■ Qui choisit en votant ?

DANS UNE ASSOCIATION

Une association est formée de membres volontaires adhérents qui paient une cotisation.

A l'assemblée générale annuelle, seuls les adhérents à jour de leur cotisation ont le droit de vote.

Ils voteront pour approuver ou désapprouver les rapports présentés par le président, le trésorier et pour élire les membres du bureau.

VILLE DE PARIS

ÉLECTIONS PRUD'HOMALES

SCRUTIN DU

9 DÉCEMBRE 1987

ÉTABLISSEMENT DES LISTES ÉLECTORALES

AVIS

AUX EMPLOYEURS

L'exercice du droit de vote est subordonné à l'inscription sur la liste électorale d'un arrondissement de Paris.

A cette fin, toute personne employant un ou plusieurs salariés à la date du **31 MARS 1987**, doit obligatoirement les déclarer dans le collège salarié et se déclarer elle-même en qualité d'employeur.

AU TRAVAIL

Dans les grandes entreprises, tous les travailleurs âgés de 16 ans et travaillant depuis six mois au moins dans l'entreprise ont automatiquement le droit de vote pour élire leurs représentants au comité d'entreprise.

Tous ceux qui paient leurs cotisations à la Sécurité sociale peuvent élire leurs représentants dans les conseils d'administration des caisses de sécurité sociale.

DANS LA VIE PUBLIQUE

En France, le vote aux élections politiques n'est pas obligatoire.

Pour pouvoir exercer son droit de vote, il faut s'inscrire sur les listes électorales de sa mairie.

Plusieurs conditions doivent être remplies :

● Etre française ou français de naissance ou par naturalisation.

● Avoir 18 ans avant le dernier jour de février de l'année de l'élection.

● Jouir de toutes ses facultés mentales, de ses droits civils et politiques.

Chaque électrice ou électeur vote en conscience en glissant librement son bulletin de vote dans une enveloppe anonyme qu'il déposera dans l'urne. Le vote est secret, libre, égal pour tous. Il s'agit d'un *scrutin secret*.

Le *scrutin public* est celui qui permet à tous de connaître le vote de chacun. Cette forme de vote se pratique dans les assemblées d'élus.

Lorsqu'une élection doit désigner un seul représentant, le bulletin de vote ne comporte qu'un seul nom : il s'agit d'un *scrutin uninominal*.

Lorsque l'électeur doit désigner plusieurs personnes sur une ou plusieurs listes, il s'agit d'un *scrutin de liste*. Dans certains cas, il doit voter pour une liste complète, dans d'autres cas, il a le droit de composer une liste avec des candidats de toutes les listes (droit au panachage).

■ Le vote est libre, ses formes varient.

SCRUTIN MAJORITAIRE	
Inscrits	1710
Votants	1445
Suffrages exprimés	1440
Majorité absolue	721
ont obtenu (nombre de voix) :	
M. Carol	815 (élu)
M. Duchemin	625

SCRUTIN PROPORTIONNEL			
Nombre de sièges à pourvoir : 8			
Suffrages exprimés : 800			
Liste A	420	Elus	4
Liste B	212	Elus	2
Liste C	140	Elus	2
Liste D	28	Elus	0

En France, pour les élections politiques, le scrutin comprend souvent deux tours.

Au premier tour, il faut avoir la *majorité absolue* pour être élu, (la moitié des suffrages exprimés + 1). Sinon il y a *ballotage*.

Au second tour est déclaré élu à la *majorité relative* celui qui a le plus de voix.

Ce scrutin est dit *scrutin majoritaire*.

Il existe une autre forme de scrutin, *le scrutin de liste à la représentation proportionnelle* :

Chaque liste a un nombre d'élus proportionnel au nombre de suffrages (de voix) qu'elle a obtenus. Plusieurs calculs sont possibles.

Le code électoral définit les règlements du scrutin pour chaque élection : il est à la disposition de tous dans les mairies.

Les électrices et électeurs votent directement au suffrage universel direct pour approuver ou désapprouver des modifications importantes de la constitution, de nouvelles lois... : c'est un référendum.

Ils se prononcent par OUI ou par NON.

Le référendum est un vote important, peu employé en France. Il l'est davantage dans d'autres pays.

Dans les monarchies, les rois se succèdent dans le cadre de la famille royale.

Dans les dictatures, une personne s'impose par la force à la tête de l'Etat.

En France, l'élection du président de la République au suffrage universel caractérise la démocratie : tous les 7 ans, les Françaises et les Français élisent le chef de l'Etat au suffrage universel direct. C'est l'élection qui entraîne la plus forte participation.

■ Les citoyens votent régulièrement...

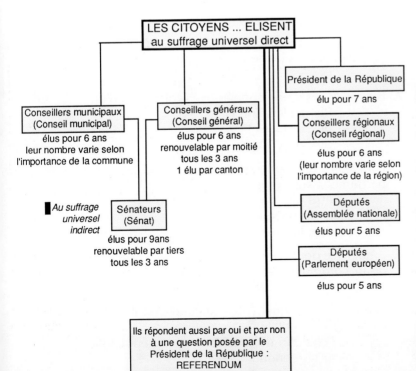

Je suis responsable...

Le jeu suivant te permettra de vérifier si tu as certaines connaissances nécessaires pour te conduire en responsable dans ta vie d'écolier et de futur citoyen.

Sur cette page les questions s'adressent aux élèves du CM₁, sur la page voisine à ceux du CM₂.

Tu dois, à chaque fois, choisir une réponse parmi celles qui te sont proposées. Il t'appartient de les vérifier dans les chapitres précédents et dans le dossier.

1. Pour qu'il y ait moins d'accidents de piétons chaque année :
   — il n'est pas nécessaire d'apprendre le code de la route à l'école.
   — il faut l'apprendre.

2. Dans une rue piétonne :
   — il faut rester vigilant.
   — on peut courir sans risque.

3. Quand tu descends du car :
   — il faut attendre son départ pour traverser.
   — tu peux traverser avant son départ, car le chauffeur surveille.

4. Parmi les responsabilités suivantes, quelle est celle qui ne dépend que de toi ?
   — participation à la coopérative.
   — respect du règlement.
   — prise en charge du rangement.

5. Dans la liste ci-dessous, trouve quelle est la matière que tu dois apprendre et que tes parents n'avaient pas à apprendre :
   — lecture — éducation civique — informatique — mathématiques.

6. A ton avis les discussions en classe préparent-elles à la vie associative et à la vie professionnelle ?
   — OUI — NON.

7. Les membres d'une coopérative scolaire (ou d'un club) sont-ils :
   — des adversaires ?
   — des associés ?
   — des concurrents ?   (1 seule réponse)

8. Pour voter dans une association, une condition est obligatoire parmi les 3 suivantes. Laquelle ?
   — être âgé de 16 ans au moins
   — avoir payé sa cotisation
   — être membre du bureau

9. A quel âge pourras-tu voter pour élire les conseillers municipaux de ta commune ?
   — 16 ans — 18 ans — 21 ans.

10. A l'occasion de quel vote l'électeur doit-il répondre par OUI ou par NON ?
    — l'élection du président de la République
    — le référendum.

... de mes actes

1. La sécurité routière est-elle seulement :
— ton affaire personnelle ?
— une œuvre collective ?

2. Le nombre de voitures augmente chaque année. Le nombre de piétons accidentés :
— diminue-t-il ?
— augmente-t-il ?

3. La scolarité obligatoire permet à chacun de préparer son avenir. Depuis quelle date l'est-elle en France ?
— 1789 — 1882 — 1914.

4. La vie de l'école est-elle organisée :
— par les maîtres seuls ?
— par les maîtres, les parents élus et d'autres personnes ?

5. L'école mixte regroupe garçons et filles dans le même établissement. Cela favorise-t-il ?
— les disputes ?
— l'égalité des chances ?

6. Le droit d'association existe en France. Toute association déclarée doit avoir une adresse (un siège social). Ce siège social doit-il être à la mairie ?
— OUI — NON.

7. Peut-on créer dans un village une association dont le but est d'agir dans le monde entier ?
— OUI — NON.

8. Le droit de vote politique à 18 ans n'est pas obligatoire en France. Il faut faire une démarche. Laquelle ?
— avoir une carte d'identité récente.
— s'être fait inscrire sur les listes électorales à la mairie.

9. Pour être élu conseiller municipal à la majorité absolue, il faut :
— avoir une voix au moins de plus que la moitié du nombre des électeurs inscrits dans la commune ?
— avoir au moins la moitié des voix plus une des électeurs qui se sont exprimés ?

10. Quel est le nombre actuel d'élections politiques auxquelles participent les électeurs français ?
— 2 — 5 — 7.

Suggestion :

Si une élection se déroule pendant l'année scolaire, établis avec tes camarades un dossier qui pourra comprendre :
1. le but des élections
2. le mode de scrutin
3. les déclarations des candidats
4. les sondages avant les élections
5. les résultats

1 Au siècle dernier, dès l'âge de 6 ans, les enfants pouvaient être employés dans les usines. En 1841, 130 000 enfants travaillaient dans les usines de 10 à 12 heures par jour, 6 jours par semaine.

7 Les conquêtes sociales :
de 1789 à 1945.

2 Réunion de grévistes au début du siècle.

« D'hier à aujourd'hui »

Au début de la Révolution, le 4 août 1789, l'Assemblée nationale constituante décide d'abolir les privilèges de la noblesse et du clergé. Des idées nouvelles se répandent alors : le droit aux libertés et à l'égalité.

Mais ce n'est qu'après plusieurs révolutions et des luttes ouvrières très dures que de réelles améliorations seront apportées à la vie des travailleurs.

Le travail des enfants et des femmes sera peu à peu réglementé. En 1841 : interdiction du travail des enfants de moins de 8 ans. En 1864 : la grève n'est plus un délit mais elle sera encore longtemps considérée comme une atteinte à la liberté du travail. En 1884, les syndicats sont autorisés : les ouvriers peuvent se regrouper pour défendre ensemble leurs revendications.

En 1936, la semaine de travail est réduite à 40 h, les salariés obtiennent deux semaines de congés payés par an.

Les ouvrières des ateliers de soierie de Lyon.

« *Des jeunes filles de 10 à 20 ans sont forcées de travailler depuis 4 ou 5 heures du matin jusqu'à 10 ou 11 heures du soir, même jusqu'à minuit. Quant à se plaindre, il ne faut pas que ces malheureuses victimes y songent, car pour réponse, ce sont des coups et des injures qui les attendent.* »

Extrait d'une lettre au préfet du Rhône, 1er avril 1870.

3
1841 : règlementation du travail des enfants.
moins de 8 ans : interdiction totale
de 8 à 12 ans : limitation à 8 heures
de 10 à 16 ans : limitation à 12 heures
Cette loi était-elle respectée en 1870 ?

4
1864 : droit de grève.
Ce droit acquis par les travailleurs leur permet d'arrêter collectivement le travail. *(Ce tableau de J. Adler représente une grève au Creusot vers 1900.)*

5
1884 : naissance des syndicats.
La liberté d'adhérer au syndicat de son choix a permis la création de syndicats ouvriers qui jouent un rôle important dans la vie de notre pays.
Une réunion syndicale vers 1900.

6
1936 : droit aux congés payés.
Les travailleurs salariés bénéficient en 1936 pour la première fois de deux semaines de congés payés annuels. Pendant l'été 1936, de nombreux citadins vont partir en train, bicyclette, à pied pour découvrir la campagne, la mer et la montagne.
Un couple en tandem en 1936.

Lexique

Une contrainte est une violence exercée contre une ou des personnes. Une société de contraintes supprime les libertés.

Une manufacture est un établissement industriel où l'on fabrique des objets en grande quantité.

L'Assemblée nationale constituante est le nom que prirent les Etats Généraux le 9 juillet 1789.

Un syndicat est un groupement de personnes qui défendent des intérêts communs.

Recherche - Action

● **Recherche des témoignages auprès de personnes âgées pour connaître ce que les mesures sociales de 1936 ont apporté comme transformation dans leur vie.**

Les travailleurs sont très attachés à la Sécurité sociale. Ils manifestent ici pour qu'on ne diminue pas leur protection contre les maladies et que soit favorisée une plus grande solidarité entre les citoyens.

1

8 Les conquêtes sociales :
de 1945 à nos jours.

**Evolution
des congés annuels**

1936 : 2 semaines
1956 : 3 semaines
1969 : 4 semaines
1981 : 5 semaines

**Durée de
travail hebdomadaire**

1946 : 40 h par semaine
1982 : 39 h par semaine

Retraite

Avant 1983 : 65 ans
1983 : possible à 60 ans

2 Quelques
améliorations.

«D'hier à aujourd'hui»

Au lendemain de la Seconde Guerre mondiale, les épreuves supportées par tous, la participation à la lutte de femmes et d'hommes de toutes conditions, entraînent, dans un élan d'unité nationale, la reconnaissance de nouveaux droits aux femmes et aux travailleurs.

En 1945, la création de la Sécurité sociale assure vraiment à tous le droit d'être soigné en toutes circonstances, pour toutes les maladies, même les plus coûteuses.

Plus tard, bien que de nombreux conflits aient éclaté, la plus grande participation du personnel à la vie des entreprises et des rencontres plus fréquentes entre syndicats et patrons, ont permis des améliorations par la négociation.

Depuis 1983, les travailleurs peuvent cesser d'exercer leur activité à partir de 60 ans. Ils peuvent ainsi mieux profiter de leur retraite.

Pendant les mois de mai et juin 1968, de nombreuses manifestations et des grèves paralysèrent le pays. Les travailleurs réclamaient une augmentation des salaires les plus bas et une amélioration des conditions de travail.

Les accords de Grenelle (juin 68) entre tous les partenaires sociaux et le gouvernement mirent fin au conflit.

3 Occupation des usines Renault en mai 1968.

Dans toutes les entreprises de plus de 50 salariés existe un comité d'entreprise (C.E.) qui réunit des délégués élus du personnel et le chef d'entreprise. Ce comité coopère à l'amélioration des conditions de travail dans l'entreprise et gère toutes les œuvres sociales.

4 Lancement d'une montgolfière dans le centre de vacances d'un C.E.

Les retraités bénéficient de facilités (transports, logements...) qui leur rendent la vie plus agréable.

Comme leur retraite commence plus tôt, ils peuvent mieux en profiter.

En 1961 fut institué « le minimum vieillesse » destiné à assurer des ressources à toutes les personnes âgées. Certaines d'entre elles peuvent percevoir une allocation supplémentaire du « Fonds national de solidarité » financé par l'Etat.

5 Une retraite active.

Lexique

Le S.M.I.C. est le salaire minimum interprofessionnel de croissance. Créé en 1970, le S.M.I.C. est le salaire horaire au-dessous duquel aucun employeur ne peut descendre.

Les œuvres sociales sont des organisations telles que cantines, crèches, colonies de vacances, maisons de retraite...

La négociation est la discussion entre deux parties. Des propositions, différentes au départ, aboutissent à un texte commun.

Un conflit est une situation où des positions s'opposent.

Recherche - Action

● **Cherche dans les journaux, s'il y a des articles qui parlent de grève dans une usine ou une entreprise.**

● **Essaie de comprendre quelles sont les raisons de cette grève.**

● **Cherche la durée des congés annuels dans d'autres pays d'Europe. (Tu peux trouver les renseignements dans une encyclopédie).**

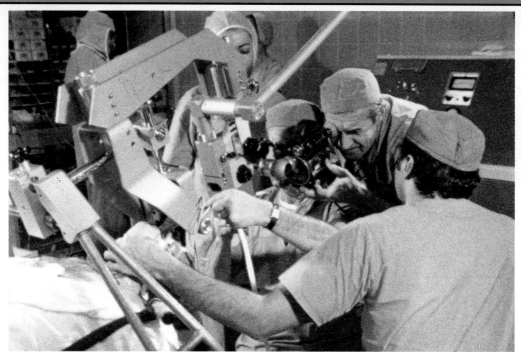

Cette opération coûteuse a été rendue accessible à tous les malades, même aux plus démunis. Elle est payée grâce à la solidarité de tous les travailleurs qui versent des cotisations à la Sécurité sociale. Celle-ci prend complètement en charge, à la place des familles, certaines opérations médicales coûteuses.

1

9 La solidarité :
la Sécurité sociale.

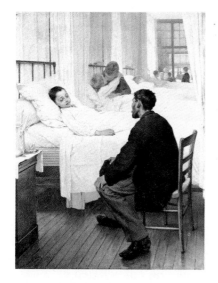

L'hôpital au XIXᵉ siècle. *(Tableau de H.J.J. Geoffroy, 1889.)*

2

«D'hier à aujourd'hui»

Jusqu'à la fin du XVIIIᵉ siècle, les connaissances médicales sont réduites et l'usage de la médecine peu développé.

Au XIXᵉ siècle, la médecine progresse beaucoup. Mais ce sont les classes riches qui en profitent. Dans les campagnes, on a toujours recours au « sorcier » ou au rebouteux et, dans les milieux ouvriers, la misère ne permet guère de faire appel au médecin. La maladie ou l'accident qui privent de la possibilité de travailler sont des catastrophes familiales. Aussi, les ouvriers créent-ils des sociétés de secours mutuel qui peuvent apporter une aide en cas d'arrêt de travail.

Dès la fin du XIXᵉ siècle, certains ouvriers bénéficient d'une protection en cas de maladie, d'invalidité et de vieillesse à laquelle participent les patrons.

La Sécurité sociale, créée en 1945, étendra progressivement cette protection à toute la population.

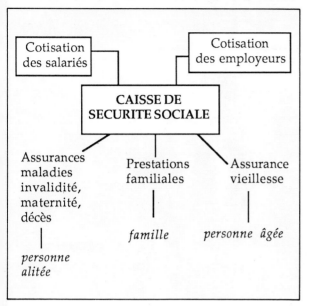

3 Organigramme de la Sécurité sociale.

Tous les salariés (français ou étrangers), s'ils résident en France, versent obligatoirement à la Sécurité sociale une cotisation calculée en fonction de leurs salaires. Leurs employeurs versent aussi une cotisation pour chaque salarié qu'ils emploient.

L'ensemble des cotisations recueillies est géré par les caisses de Sécurité sociale où les travailleurs élisent leurs représentants.

Ces cotisations sont redistribuées sous formes d'*allocations* (allocations familiales pour les familles ayant plusieurs enfants), de *pensions* pour les retraités, d'*aides* aux personnes handicapées. Elles permettent de couvrir les risques de maladie, d'accident et d'invalidité.

Ce système qui vise à protéger les familles repose sur la solidarité : les travailleurs en bonne santé cotisent pour aider les autres et être aidés en cas de besoin.

TRAITEMENT BRUT MENSUEL : 10 767, 15 F

Retenues

retenue pension civile.............	829 , 11
sécurité sociale........................	511, 47
mutuelle...................................	269, 19

Prestations

supplément familial..................	363, 03
Allocations familiales.............	808, 00

TOTAL........................ **10 329, 01 F**

Identifie sur cet extrait d'une feuille de paie les différentes cotisations payées par le salarié et les prestations qu'il reçoit.

4 Feuille de paie.

Lexique

● **Le numéro de Sécurité sociale.**
Il est attribué à chaque personne.

Voici un exemple de numéro de Sécurité sociale :
2 45 04 77 183 029

  2 est un code pour désigner le sexe : (1 pour homme — 2 pour femme)

  45 les deux derniers chiffres de l'année de naissance

  04 mois de naissance

  77 code du département de naissance

  183 code de la commune de naissance

  029 numéro d'inscription sur le registre d'état-civil de la commune de naissance.

D'après cet exemple, essaie de trouver ton futur numéro d'assuré social (au moins les 7 premiers chiffres).

Exercices

● **L'opération photographiée sur la page précédente a coûté 150 000 F (chirurgie + hospitalisation).**

Calcule :
  — le nombre de cotisations mensuelles à la Sécurité sociale qu'elle représente pour le travailleur dont la feuille de paie est présentée,
  — le nombre de mois de son salaire brut.

● **Examine une feuille de soins de la Sécurité sociale : quels sont les renseignements à fournir par le malade ?**

1 Chaque jour dans le monde, des milliers de personnes sont victimes de la guerre. La Croix Rouge internationale essaie de les aider. Elle étend son action aux victimes de catastrophes naturelles, ici lors du séisme de Mexico.

10 La solidarité :
la Croix Rouge.

2 Les infirmières de la Croix Rouge ont eu une action très importante pendant la 1re Guerre mondiale.

«D'hier à aujourd'hui»

Le 24 juin 1859, au soir de la bataille de Solférino en Italie, des milliers de blessés agonisent sans soins.

Devant ce spectacle horrible, un voyageur suisse, Henri Dunant, décide de s'occuper des victimes. Avec l'aide de la population locale, il organise les secours aux blessés des deux camps : tous doivent être soignés, ennemis comme amis : la Croix Rouge est née.

Sur l'initiative d'Henri Dunant, une conférence internationale, réunie à Genève en 1863, fonde le Comité international de la Croix Rouge (C.I.C.R.). Il prévoit dans chaque pays la constitution de comités de secours aux blessés de guerre.

En 1949 sont établies les Conventions de Genève. Ce sont des règles qui protègent les victimes de la guerre.

Plus de 160 Etats se sont engagés à les respecter. Ces conventions précisent que, même en temps de guerre, les hommes doivent observer certaines règles d'humanité. La Croix Rouge est chargée de veiller au respect de ces règles.

CM2

Les femmes et les hommes, souvent bénévoles, qui participent aux actions de leur association, se sont donné comme mission de soulager la misère des hommes lorsqu'un désastre frappe un pays : guerre ou catastrophe naturelle. La Croix Rouge envoie ses délégués pour apporter les secours et les aides nécessaires. Ces aides sont multiples : les délégués de la Croix Rouge apportent matériel, nourriture et médicaments collectés dans d'autres pays. Ils vont aussi visiter les prisons et aident les familles des prisonniers.

● Aide médicale : transport de médicaments.

● Distribution de colis à des prisonniers de guerre.

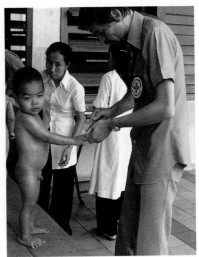

● Aide médicale et alimentaire.

Humanité : alléger en toutes circonstances les souffrances des hommes.

Impartialité : ne faire aucune distinction de nationalité, de race, de religion, de condition sociale et d'appartenance politique.

Neutralité : garder la confiance de tous.

Indépendance : agir selon les principes de la Croix Rouge.

Caractère bénévole : la Croix Rouge est une institution de secours volontaire et désintéressé.

Unité : une seule Société nationale de la Croix Rouge dans un même pays.

Universalité : les sociétés ont des droits égaux et le devoir de s'entraider.

3 Les 7 principes fondamentaux de la Croix Rouge.

Lexique

Une convention internationale est le nom donné à l'accord de plusieurs pays, sur un texte précis ; par exemple : la Convention internationale des droits de l'enfant.

Les règles d'humanité sont les règles de respect de la personne humaine, de ses droits fondamentaux.

Une personne **bénévole** est une personne qui accomplit une tâche précise au service de la société sans être payée.

Recherche - Action

● **Mets en évidence, à travers les exemples d'actions de la Croix Rouge, la solidarité entre les personnes.**

● **Dans ton département, existent un Comité départemental et des Comités locaux de la Croix Rouge.**

Tu peux obtenir l'adresse du Comité départemental en écrivant à :

CROIX ROUGE FRANÇAISE
17, rue Quentin-Bauchart
75384 PARIS CEDEX 08

1 Les journaux locaux, nationaux, étrangers, offrent à chaque personne un choix important d'informations et de commentaires pour lui permettre de se faire une opinion.

11 L'information :
1. la presse écrite.

L'information municipale : du garde-champêtre au panneau électronique.

2

«D'hier à aujourd'hui»

Pendant longtemps les informations se transmettaient par la parole : les voyageurs, les soldats, les colporteurs racontaient ce qu'ils avaient vu...

L'invention de l'imprimerie entraîna la création de journaux très simples lus par une minorité de personnes.

La presse écrite se développa avec l'affirmation de la liberté de la presse (1789), les lois scolaires (1881) qui permirent à chacun d'apprendre à lire...

De très nombreux journaux se développèrent au XIXe siècle et au début du XXe.

Les moyens audiovisuels (son et image) concurrencent maintenant la presse écrite :

— La radio offre l'avantage d'une information très rapide. La télévision ajoute l'image au son. Ces moyens permettent les débats, les reportages, les témoignages en direct.

Aujourd'hui la vidéo-communication, la télématique complètent les moyens de communication et d'information du citoyen.

3 Un journal censuré, en janvier 1940, au début de la Seconde Guerre mondiale.

Avant la Révolution de 1789, les rares journaux étaient interdits quand ils déplaisaient aux rois de France.

La liberté de la presse reconnue dans la *Déclaration des droits de l'homme* permet le développement de la presse écrite et favorise le mouvement des idées. C'est pourquoi elle sera remise en cause par plusieurs gouvernements.

Dans ces périodes de **censure**, le journaliste et le citoyen perdent une liberté fondamentale : la liberté d'expression et d'opinion.

Un des premiers journaux : Le *Vieux Cordelier*.

4

Les premiers journaux étaient tirés à peu d'exemplaires.

Distribués à leurs seuls abonnés puis vendus au porte à porte par des « crieurs de journaux », les journaux surent s'attirer de nouveaux lecteurs en proposant des annonces, de la publicité, des romans-feuilletons puis des illustrations et des photographies.

Malgré l'apparition de la radio, jusqu'en 1939, la presse écrite se développa.

Depuis la guerre de 1939-1945, la télévision et la radio la concurrencent. Il est souhaitable qu'elle puisse continuer d'exprimer la diversité des opinions.

Les journaux actuels sont abonnés à différentes **agences de presse** dont les journalistes sont répartis dans le monde entier. Ils peuvent, grâce à des moyens techniques nouveaux (Télex), envoyer instantanément des informations et des photos sur les événements locaux importants.

La presse écrite peut ainsi donner rapidement à ses lecteurs des informations et des commentaires aussi complets que ceux de la radio ou de la télévision. Ces articles permettent la réflexion, la recherche, les interrogations du citoyen qui veut s'informer avant de juger.

5 Salle de télex.

Exercices

● Constitue avec tes camarades un dossier de presse en rassemblant les articles de journaux différents sur un événement qui t'intéresse. Compare la place accordée à l'événement dans chacun des journaux (longueur du titre, de l'article, etc.).

● Joue au journaliste, en écrivant un article sur la vie de ta classe.

● Essaie de trouver le nom des agences de presse qui fournissent des articles à différents journaux. Peux-tu trouver le même article dans des journaux différents ? Pourquoi ?

2. La presse audiovisuelle.

Ces journalistes interrogent le vainqueur du Tour de France. Paroles et images sont transmises instantanément dans le monde entier : c'est une émission en direct.

La radio et la télévision font souvent vivre — comme si nous y étions — les grands événements de la planète : l'information peut être instantanée.

6 Que de radios et de télévisions pour rendre compte de l'arrivée du Tour de France !

7 Chaque jour 38 millions de Françaises et de Français regardent un journal télévisé.

La presse écrite fut longtemps la seule source d'informations des citoyens. La télégraphie sans fil (T.S.F.), ou radio, fut la première à lui faire concurrence. Le premier journal parlé date de 1922. En 1936 la radio permit de retransmettre les Jeux Olympiques en direct. Mais il manquait l'image. Seules « les actualités cinématographiques » apportaient images et informations... Elles ont disparu car la télévision, concurrente de la radio, apporte, à domicile, image, son et mouvement : le premier journal télévisé date de 1949.

La loi de juillet 1982 précise que « les citoyens ont droit à une communication audiovisuelle libre et pluraliste ».

Depuis cette date, les radios locales se sont multipliées, de nouvelles chaînes de télévision sont nées : certaines, publiques, sont gérées par l'Etat, d'autres sont privées.

L'information, les commentaires sont de plus en plus diversifiés.

En fonction de ses goûts et de ses opinions, le citoyen peut choisir ses sources d'information. Il peut aussi s'exprimer dans les différents médias.

Il doit rester critique face aux commentaires pour se faire sa propre opinion.

■ Quels choix pour le citoyen de demain ?

Les techniques évoluent, les premières télévisions étaient en « noir et blanc ». La plupart sont maintenant en couleurs.

Avant 1983, il n'existait que 3 chaînes. Depuis 1983, 3 autres chaînes existent.

Dès 1987, dans de très nombreuses villes, grâce au satellite et au câble, il sera possible de recevoir 15 chaînes : les chaînes nationales, des chaînes étrangères, des chaînes locales.

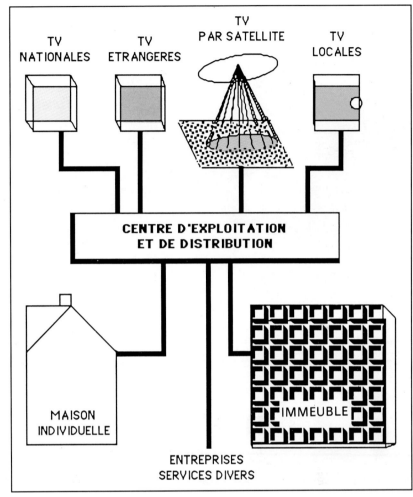

8 Le téléspectateur sera-t-il mieux informé ? Il pourra choisir entre plusieurs sources d'information : sa liberté de choix sera plus grande. Saura-t-il l'utiliser ?

Lexique

L'information est l'ensemble des renseignements sur quelqu'un ou quelque chose. Par exemple : les informations politiques, sportives...

Un commentaire est l'ensemble des observations que l'on fait à partir d'un texte, d'une information.

Une opinion est un jugement, une idée que l'on peut être seul ou plusieurs à partager.

La censure est l'action d'interdire la publication de certains textes, d'émissions radiophoniques ou télévisées.

L'agence de presse est un ensemble de personnes recherchant et distribuant des informations à des abonnés.

Les médias sont l'ensemble des moyens de diffusion de l'information (presse — radio — télévision — cinéma — publicité, etc.).

La télématique est l'ensemble des techniques qui associe l'informatique, la télévision et le téléphone.

Recherche - Action

● **Organise un débat avec tes camarades sur les avantages et les inconvénients des différents journaux d'information : journaux écrits, parlés et télévisés.**

● **Dresse une liste des principaux moyens de communication entre les hommes.**

1 La presse écrite utilise souvent les sondages.

12 L'information :
1. Les sondages.

Aimez-vous les paupiettes de veau ?

Croyez-vous au Père Fouettard ?

Combien avez-vous de fausses dents ?

Froid, vous, ... jamais ?

«D'hier à aujourd'hui»

Il ne se passe pas de semaine sans que la presse, la radio, la télévision publient un sondage. Ces sondages ne représentent qu'une petite partie des enquêtes réalisées par des organismes spécialisés, publics ou privés, pour une clientèle variée : Etat, collectivités, industriels, journaux...

Dans la société moderne, le besoin d'informations statistiques est de plus en plus nécessaire pour gouverner, produire, étudier...

Des études statistiques importantes ont été faites au cours du XIXe siècle mais c'est surtout à partir de 1936 que les sondages se sont développés, en particulier les sondages d'opinion.

En 1946 a été créé l'Institut national de la statistique et des études économiques (I.N.S.E.E.) qui organise le recensement de la population et effectue et publie de nombreux sondages. En France, le premier sondage politique a été effectué en 1965 pour les élections présidentielles.

La télévision et les enfants de 8 à 14 ans

	Durée moyenne par enfant et par jour (en minutes)			
	année scolaire			
	Automne	Hiver	Printemps	Vacances d'hiver
Ensemble	137	124	101	208
Selon le sexe et l'âge				
garçons 8-9 ans	129	116	97	187
garçons 10-12 ans	139	123	97	204
garçons 13-14 ans	148	133	110	216
filles 8-9 ans	123	106	82	200
filles 10-12 ans	139	122	102	215
filles 13-14 ans	141	145	118	224

2 Ce sondage fait apparaître le temps passé par les enfants devant la télévision.

Pour obtenir des renseignements chiffrés sur la population d'une ville, d'un pays, on peut dénombrer toutes les personnes : c'est un recensement. Par exemple, les mairies recensent les jeunes gens qui doivent effectuer leur service militaire.

Pour connaître le temps passé par les enfants devant la télévision, on a seulement interrogé un certain nombre d'enfants en déterminant un échantillon représentatif. Il s'agit d'une enquête par sondage ou sondage.

Cet échantillon représentatif est un modèle réduit de l'ensemble et il doit être établi en respectant des règles très précises.

Les résultats du recensement général de la population sont un outil important pour la détermination de certains échantillons.

Il existe deux méthodes principales pour la détermination d'un échantillon représentatif :

LE TIRAGE ALÉATOIRE

L'échantillon est tiré « au hasard » dans la liste complète de la population concernée fournie par un recensement. Par exemple 1 personne sur 10 ou toutes les personnes nées le même mois. Pour ne pas fausser les résultats, on ne peut interroger d'autres personnes que celles qui ont été tirées.

> Données établies par le Centre d'études d'Opinion. Enquête auprès d'un échantillon national de 800 jeunes (recrutés dans environ 500 foyers équipés en téléviseur) représentatif de la population française âgée de 8 à 14 ans, en 4 vagues : du 6 au 12 novembre 1980 (automne), du 27 novembre au 3 décembre 1980 (hiver), du 25 au 31 décembre 1980 (vacances d'hiver) et du 14 au 20 mai 1981 (printemps).

3 Fiche technique du sondage « la télévision et les enfants de 8 à 14 ans ».

LA MÉTHODE DES QUOTAS

Grâce au recensement général de la population, on connaît la proportion d'hommes et de femmes, de personnes par tranche d'âge, par profession... dans l'ensemble à interroger. On choisit l'échantillon en respectant toutes ces indications. Cette méthode permet de remplacer une personne par une autre appartenant à la même catégorie.

Une fiche technique accompagne la publication d'un sondage. Elle donne des indications importantes : la date, le nombre de personnes interrogées, la méthode de tirage de l'échantillon.

La précision d'un sondage dépend beaucoup de la grandeur de l'échantillon. De nombreux sondages portent sur 1600 personnes pour que la marge d'erreur soit très faible.

■ Les sondages d'opinion

Certains sondages sont destinés à connaître ce que pense une population d'un fait donné. Ce sont des sondages d'opinion.

Pour ce genre de sondage, il faut que les questions posées soient suffisamment précises pour que les personnes interrogées puissent répondre seules, sans l'intervention de l'enquêteur qui risquerait d'influencer les réponses.

Exercices

● **Quelle est la différence entre un sondage et un recensement ?**

● **Quel document permet d'avoir une bonne image de la population pour utiliser la méthode des quotas ?**

2. Les études statistiques.

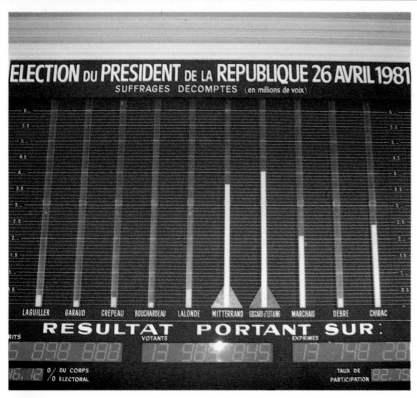

ÉLECTION DU PRÉSIDENT DE LA REPUBLIQUE 26 AVRIL 1981
SUFFRAGES DÉCOMPTÉS (en millions de voix)

LAGUILLER GARAUD CRÉPEAU BOUCHARDEAU LALONDE MITTERRAND GISCARD d'ESTAING MARCHAIS DEBRÉ CHIRAC

RESULTAT PORTANT SUR:

— Le 10 mai 1981, au 2ᵉ tour de l'élection présidentielle, François Mitterrand obtenait 15 541 905 voix (52,22 % des suffrages exprimés) et Valéry Giscard d'Estaing 14 219 051 soit 47,77 %.

Compare ce résultat définitif avec les sondages réalisés (ci-dessous).

4 Le résultat des élections présidentielles, le 26 avril 1981.

ÉVOLUTION DES INTENTIONS DE VOTE AU 2ᵉ TOUR
(selon les différents sondages Ifop-Le Point)

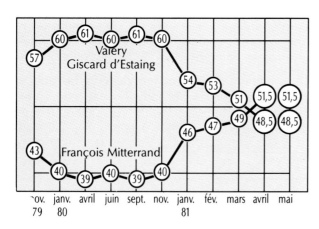

Valéry Giscard d'Estaing

60 61 60 61 60
57
54 53
51 51,5 51,5
49 48,5 48,5
46 47
43

François Mitterrand

40 39 40 39 40

nov. janv. avril juin sept. nov. janv. fév. mars avril mai
79   80   81

Les sondages d'opinion décrivent ce que pense une population d'un fait donné à un moment précis.

Les plus remarqués concernent la vie politique et, en particulier, en période électorale, les intentions de vote.

Les sondages électoraux ne sont qu'un moyen d'information. Comme l'on craint que, proches de la consultation, ils influencent des électeurs et les conduisent à s'abstenir en pensant que leur voix n'a plus d'importance, une loi en interdit la publication dans la dernière semaine qui précède le vote.

Une commission est chargée de vérifier que tous les sondages qui concernent les élections ont bien été faits en respectant la loi et les règlements pour que les résultats soient honnêtes.

Lorsqu'il répond à un sondage, le citoyen donne son opinion du moment. Lorsqu'il dépose son bulletin dans l'urne, il a pris une décision.

En aucun cas, un sondage ne peut remplacer une consultation électorale.

5 De nombreux sondages (IFOP - Le Point) ont permis de dresser ce graphique qui montre l'évolution des intentions de vote pour le 2ᵉ tour de l'élection présidentielle, entre novembre 1979 et mai 1981.

L'INSTITUT NATIONAL DE LA STATISTIQUE ET DES ÉTUDES ÉCONOMIQUES

L'I.N.S.E.E. est un organisme public chargé de nombreuses enquêtes officielles et de statistiques administratives.

● **La population et l'état-civil.**

L'I.N.S.E.E. est chargé du recensement général de la population qui est organisé tous les sept ans environ. Le dernier date de 1982.

L'I.N.S.E.E. tient à jour les comptes de population grâce aux bulletins d'état-civil qu'il reçoit des mairies pour chaque naissance, chaque mariage, chaque décès.

Avec ces renseignements, l'I.N.S.E.E. calcule les variations de population, le nombre des naissances et de décès, les déplacements de population...

L'I.N.S.E.E. attribue à chaque habitant un numéro d'identification (voir page 39).

L'I.N.S.E.E. tient également un fichier des électeurs. Les renseignements des fichiers « population » de l'I.N.S.E.E. sont confidentiels et tenus secrets...

6 Le siège de l'I.N.S.E.E., à Paris.

L'I.N.S.E.E. produit également chaque mois des statistiques sur l'emploi et le chômage, le commerce...

● **Les principales enquêtes officielles**

L'I.N.S.E.E. effectue périodiquement des enquêtes sur :
— La consommation des ménages.
— L'évolution des prix.
— Le monde du travail et l'emploi.
— Les entreprises.

Les études de l'I.N.S.E.E. fournissent des renseignements précis sur la vie économique à ceux qui gouvernent et doivent prendre des décisions.

(Voir également, en page 125, une enquête statistique de l'I.N.S.E.E. sur les Français et la culture).

	ENSEMBLE	Cadres supérieurs Professions libérales	Cadres moyens	Employés	Ouvriers
Automobile	62.7	91.8	86.8	69.7	72
Réfrigérateur	88.5	94.5	95.4	92	91.3
Machine à laver le linge	68.7	83.7	80.7	75.00	77.1
Lave-vaisselle	7	35.9	15.4	3.9	2.2
Télévision	82.4	84	84.3	84.9	86.8
Télévision couleurs	10.4	23.3	13.4	8.3	7.2

7 Ce tableau statistique, tiré d'une enquête de l'I.N.S.E.E. indique en pourcentage le nombre de ménages selon les catégories sociales possédant certains produits en 1975. Que t'apprend-il ?

Lexique

Des informations statistiques sont des résultats chiffrés tirés d'une enquête.

Influencer c'est provoquer la modification d'un comportement ou d'une action.

Est **confidentiel** ce qui doit être gardé secret.

Un cadre est une personne qui commande, dirige son service, une entreprise.

Une profession libérale est celle que l'on exerce sans être salarié. Exemples : avocat, médecin, notaire.

Recherche - Action

● **Avec tes camarades fabrique un questionnaire d'enquête sur la lecture dans ta classe. (Nombre de livres lus, genre de livres...).**

— **Effectuez une première enquête sur l'ensemble de la classe.**

— **Faites la même enquête avec un échantillon par tirage aléatoire.**

— **Comparez les résultats.**

Pour répondre aux besoins des usagers, les P.T.T. doivent utiliser des moyens modernes de transmission des communications. Ils participent activement aux recherches et, avec les autres pays et d'autres entreprises, au développement de ces nouveaux moyens.

1

13 Le travail :
les P.T.T., un grand service public.

2 Un facteur rural dans les Landes, au XIXᵉ siècle.

«D'hier à aujourd'hui»

A la fin du XVᵉ siècle, Louis XI organise un service de relais de poste pour les courriers du roi.

1793-1795 : création de l'Agence nationale puis de l'Administration générale des Postes et Messageries. Les agents du service des postes sont des fonctionnaires nommés par l'Etat.

1829 : obligation pour le service postal de desservir une fois par jour toutes les communes et d'assurer une distribution à domicile.

1ᵉʳ janvier 1849 : émission du 1ᵉʳ timbre postal français. On paie désormais le même tarif quelle que soit la distance.

1876 : téléphone de Graham Bell. En 1879, Paris est la première ville à posséder un réseau téléphonique.

1886 : pose du premier câble télégraphique sous-marin.

1956 : pose d'un câble téléphonique transatlantique entre la France et l'Amérique.

Les P.T.T. doivent transporter et distribuer le courrier dans toutes les communes de France, même dans les hameaux isolés. Pour assurer ce service, ils disposent d'un personnel nombreux et de plus de 17 000 bureaux de postes répartis sur tout le territoire national.

Grâce à cette implantation très proche des usagers, la poste a pu développer d'autres services tels les chèques postaux ou la Caisse nationale d'épargne qui permet de déposer ou de retirer de l'argent dans tous les bureaux de poste.

3 Un bureau de poste moderne à Cosne-sur-Loire.

Les services des P.T.T.

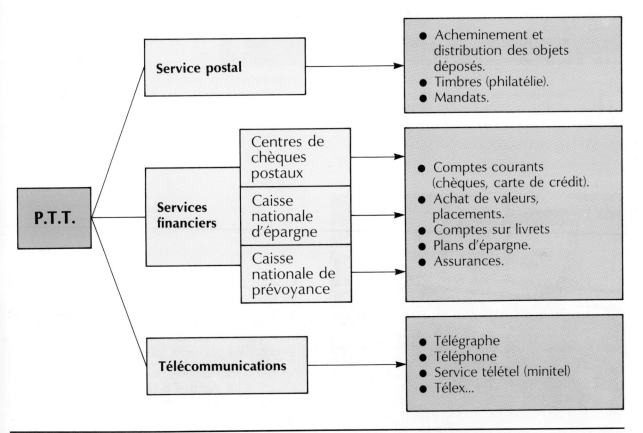

P.T.T.	**Service postal**		• Acheminement et distribution des objets déposés. • Timbres (philatélie). • Mandats.
	Services financiers	Centres de chèques postaux	• Comptes courants (chèques, carte de crédit). • Achat de valeurs, placements. • Comptes sur livrets • Plans d'épargne. • Assurances.
		Caisse nationale d'épargne	
		Caisse nationale de prévoyance	
	Télécommunications		• Télégraphe • Téléphone • Service télétel (minitel) • Télex...

■ Les timbres-poste

Pour affranchir les envois postaux (lettres, journaux, revues, colis...) l'imprimerie des timbres-poste, installée à Périgueux, fabrique chaque année des milliards de figurines pour la France et d'autres pays.

Les timbres sont devenus des objets de collection et de nombreux amateurs (les philatélistes) achètent les timbres nouveaux au fur et à mesure de leur émission.

Exercices

• **Quel service de la poste permet d'avoir un compte sur livret ?**

• **Cherche dans une encyclopédie des renseignements sur le télégraphe.**

• **Quel est le bureau de poste qui dessert ton village, ton quartier ? Dessert-il aussi d'autres villages, d'autres quartiers ? Lesquels ?**

Le préposé distribue le courrier et effectue la relève des boîtes. Il paie aussi les mandats, les pensions. Il s'agit du service financier à domicile qui est un des aspects du service public. Dans les endroits isolés, il rend souvent de nombreux services, en particulier aux personnes âgées.

● Pourquoi le préposé fait-il sa tournée en camionnette ?

● Comment dispose-t-il son courrier ?
Pourquoi ?

4 Le préposé prépare sa tournée au bureau distributeur.
De nombreux villages sont rattachés à un bureau distributeur d'une commune plus importante dont le code postal (5 chiffres) et le nom figurent à l'adresse postale de ces villages.

Un centre de tri, à Toulouse.
Il existe actuellement 123 centres de tri souvent proches d'un aéroport ou d'une grande gare.
5 Le courrier qui ne peut pas passer dans les machines continue d'être trié manuellement.

Chaque jour, la poste doit acheminer des millions de lettres, paquets, journaux, catalogues...

Pour parvenir à leurs destinataires, ces objets seront triés plusieurs fois :
— dans les bureaux de poste,
— dans les centres de tri,
— par le tri ambulant dans les fourgons postaux des trains.

Pour réduire les délais d'acheminement du courrier, la poste utilise des transports rapides (avion, TGV) et a créé des centres de tri automatique.

Dans les centres de tri ou les grands bureaux de poste, le courrier mécanisable, celui qui peut passer dans les machines, est indexé. On traduit sur une machine à indexer, le code postal en petits traits rouges au bas de l'enveloppe. Le courrier passe ensuite dans une machine de tri automatique qui lit ce code.

■ Les télécommunications

Le Service Télétel met en communication, à partir du réseau téléphonique, le micro-ordinateur ou le minitel de l'usager avec les ordinateurs (serveurs) dont disposent des sociétés, des services, des associations.

Avec son minitel, l'usager peut obtenir des renseignements, passer des commandes, louer des places de spectacle.

Un autre service, Télétex, permet aux entreprises de transmettre leur courrier d'un bureau à un autre, même très éloigné, en quelques secondes.

6 Publicité pour la ville de Dieppe sur Minitel.

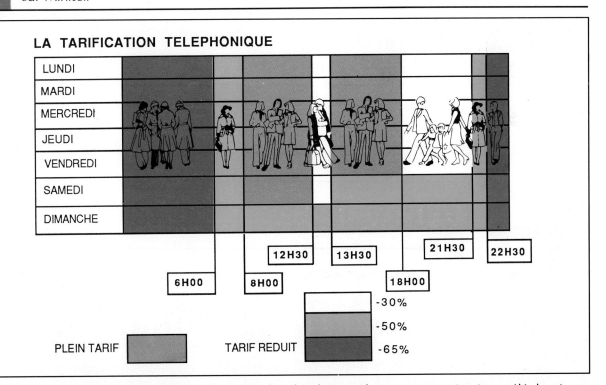

7 Trouve à quoi correspondent les périodes de plein tarif. Les communications téléphoniques sont facturées au nombre d'unités. Sur un annuaire ou sur minitel, recherche la durée d'une unité pour une commune voisine, une ville de ton département, une grande ville de France éloignée de ton domicile.

Lexique

Affranchir c'est payer le port d'un envoi à l'expédition, généralement à l'aide de timbres.

Un **C.C.P.** est soit un centre de chèques postaux soit un compte chèque postal.

La **C.N.E.** est la Caisse nationale d'épargne.

Un **philatéliste** est une personne qui collectionne les timbres-poste.

Recherche - Action

● **Où se trouve le centre de tri dont dépend ta commune ?**

● **Va à la poste chercher des formules de mandats pour les remplir.**

● **Cherche dans l'annuaire l'adresse de l'agence commerciale des télécommunications et le numéro de téléphone de la mairie de ton domicile.**

La fusée Ariane quitte sa base de lancement à Kourou, en Guyane française. Le programme Ariane ne peut être réalisé par la France seule. Plusieurs pays y participent. Ariane est le résultat d'une coopération technique internationale.

1

14 Le travail :
1. Des hommes.

Utilisation de la Tour Eiffel pour les transmissions en 1914.

2

«D'hier à aujourd'hui»

Le travail des hommes s'est longtemps organisé autour de l'exploitation du sol, de l'artisanat et du commerce.

Au milieu du XIXe siècle, l'utilisation de la force produite par la machine à vapeur employant le charbon entraîne la création de grands centres industriels et miniers, le développement du chemin de fer, des transports maritimes et bouleverse les habitudes traditionnelles de la vie rurale et urbaine. De nombreux paysans et artisans viennent vivre et travailler dans les villes industrielles où ils deviennent des ouvriers.

Au XXe siècle, l'électricité et le pétrole ont remplacé le charbon ; les machines et les robots ont permis la suppression d'emplois pénibles ; de nombreux services ont été créés dans des domaines aussi divers que les banques, la santé, le tourisme, la recherche... et de nouveaux métiers apparaissent (informaticiens — animateurs...).

La modernisation des entreprises, nécessaire pour résister à la concurrence des produits étrangers qui arrivent sur le marché français, provoque de profondes modifications dans le monde du travail.

Les emplois de manœuvres disparaissent et l'on demande de plus en plus de personnel qualifié, ce qui justifie la prolongation de la scolarité et de la formation.

Ces transformations entraînent pour certains travailleurs des périodes de chômage (d'arrêt de travail). Pour leur assurer un revenu, la solidarité doit être organisée : elle peut prendre l'aspect d'un impôt payé par ceux qui travaillent (impôt de solidarité), ou être le résultat d'une action gouvernementale (aides diverses directes aux entreprises ou aux chômeurs).

Pour aider à trouver un emploi, on a créé l'Agence nationale pour l'emploi (A.N.P.E.) qui possède des bureaux dans toutes les villes.

3 Un chômeur lit des offres d'emploi affichées par l'A.N.P.E.

4 Un agriculteur utilise un ordinateur pour gérer son exploitation.

5 Un chercheur dans un laboratoire de l'industrie pharmaceutique.

■ Evolution de l'emploi en trois secteurs :

▨ Pêche Forêt Agriculture	☐ Industrie Bâtiment Travaux publics	▧ Transport Commerce Services

Les salariés (ceux qui reçoivent un salaire d'un employeur) constituent les deux tiers de la population active.

1946	1962	1968	1975	1980
36,46 %	20,60 %	15,62 %	9,5 %	5 %
				34 %
29,26 %	39,07 %	40,21 %	39,2 %	
				61 %
34,28 %	40,33 %	44,17 %	51,3 %	

Évolution en pourcentage de la population active.

Exercices

● **Trace un graphique de l'évolution de chacun des trois secteurs en prenant une population active de 1000 personnes. Note tes observations.**

● **Indique pour chacune des photos 4 et 5 si le personnage principal est salarié.**

2. Des produits et des services.

00 CONSOLIDATIONS	LA SOUTERRAINE	46.42.35.40	09 CARRELAGES FAÏENCE	DE SOUSA	43.82.37.64
01 GROS ŒUVRE	SACHET BRULET	43.44.67.85	10 SOLS COLLES	CEGESOL	60.26.88.05
02 DOUBLAGES CLOISONS	GALLIZZIA	42.53.36.96	11 PEINTURE	DUVAL	45.58.15.96
03 ÉTANCHÉITÉ	RUBEROID	46.66.21.00	12 CHAUFFAGE VENTILATION	ZELL	43.84.93.30
04 MENUISERIES ALU et ACIER VITRAGE	Gilles MILLET	87.05.12.69	13 PLOMBERIE	CLAVEL	46.07.17.02
05 OCCULTATIONS	CALFEUTREX	42.28.05.60	14 ÉLECTRICITÉ COURANTS FORTS	BENTIN	48.66.70.73
06 SERRURERIE	ZANNIER PONCELET	87.91.41.74	15 ÉLECTRICITÉ COURANTS FAIBLES	AMORELEC	48.30.41.10
07 MENUISERIES BOIS VITRAGES	ANSINELLI	46.06.28.67	16 APPAREILS ÉLÉVATEURS	HYDROMATIC	22.91.50.84
08 PLAFONDS SUSPENDUS	ERSO	45.06.63.91			
CONTROLE	SOCOTEC	45.08.40.40	MAITRISE DE CHANTIER	EPI	60.14.34.14
BUREAU D'ÉTUDES TECHNIQUES	BETHAC	43.02.39.32	ÉCONOMISTE	TOHIER	48.33.52.59

Bien des personnes ont déjà participé à la réalisation de cette construction avant que les maçons ne commencent leur travail. Peux-tu en citer quelques-unes ?

Quels autres corps de métiers interviendront encore avant la fin de l'ouvrage ?

6 Le bâtiment et les travaux publics (construction des routes, ponts...) occupent une place importante dans la vie économique. C'est un secteur où l'on trouve encore, à côté d'entreprises très importantes, de nombreuses entreprises artisanales.

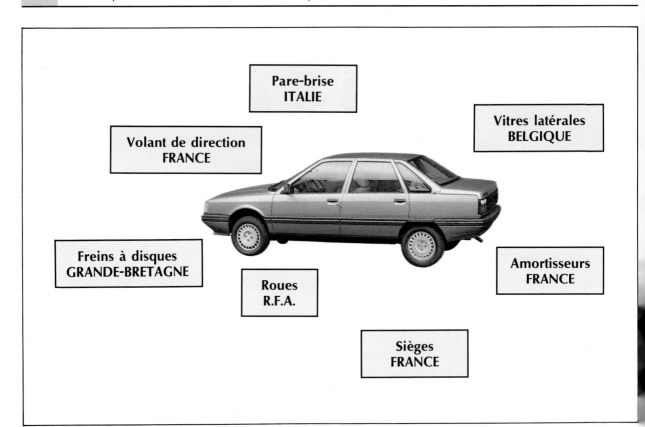

Assemblage d'une R21 en 1986 :
une grande partie des équipements et des pièces de la Renault 21 est achetée à d'autres entreprises françaises et étrangères.

Renault, comme bien d'autres grandes entreprises, confie la fabrication de certaines pièces, conçues par ses ingénieurs, à des « sous-traitants » spécialisés pour cette fabrication.

7 De nombreuses petites ou moyennes entreprises vivent de la sous-traitance.

Les guichets d'une grande banque. Depuis 1945, les banques ont multiplié leurs guichets dans toutes les villes afin d'offrir leurs services à tous.

8

De nombreuses sociétés qui, comme les banques, ne vendent pas de biens de consommation mais offrent des services au public ou aux entreprises, se créent ou se développent depuis quelques années :

— Surveillance d'usines ou de magasins.
— Agences de travail temporaire.
— Recrutement de personnel pour les entreprises
— Sociétés d'études et de conseils pour les entreprises.
— Services médicaux et sociaux.
— Agences de voyages.

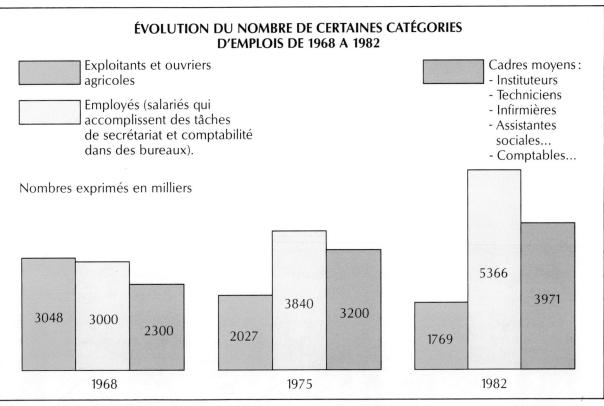

ÉVOLUTION DU NOMBRE DE CERTAINES CATÉGORIES D'EMPLOIS DE 1968 A 1982

Exploitants et ouvriers agricoles

Employés (salariés qui accomplissent des tâches de secrétariat et comptabilité dans des bureaux).

Cadres moyens :
- Instituteurs
- Techniciens
- Infirmières
- Assistantes sociales...
- Comptables...

Nombres exprimés en milliers

1968 : 3048, 3000, 2300
1975 : 2027, 3840, 3200
1982 : 1769, 5366, 3971

Calcule la perte d'emplois agricoles entre 1968 et 1982.

Lexique

Un artisan est un travailleur manuel non salarié qui travaille à son compte.

Un manœuvre est un salarié sans qualification.

La population active est l'ensemble de la population qui travaille ou cherche un emploi.

Un sous-traitant est un entrepreneur qui effectue des travaux pour le compte d'une autre entreprise.

Recherche - Action

● **Recherche sur un annuaire les grandes entreprises de ta ville ou de ton département.**

● **Avec tes camarades, établis un graphique des secteurs d'activité des parents d'élèves de ta classe.**

Dossier 2   Vie et pratiques sociales

L'étude des chapitres précédents t'a aidé à prendre conscience de tes responsabilités personnelles dans la vie de tous les jours et à découvrir différents aspects de la vie en société.

Ce dossier veut t'aider à comprendre de quelles manières chaque Française et Français peut intervenir dans la vie quotidienne.

Dans un régime démocratique comme celui de la France, la liberté d'information, la liberté de réunion, la liberté d'association, la liberté de vote, la liberté de déplacement existent.

C'est une situation que nous envient bien des habitants d'autres pays de notre planète où ces libertés ne sont pas respectées.

Ces libertés sont garanties à chaque Française et Français par la Constitution de la République française.

Elles permettent à chacun de pouvoir participer à la vie de son pays et de devenir un citoyen actif de sa commune, de sa profession, de la nation tout entière, s'il le désire et s'il a conscience du rôle qu'il peut jouer dans la vie associative, professionnelle et politique du pays.

Sauvegarder l'environnement
une action personnelle et collective

Voici un exemple simple qui te permettra de réfléchir aux actions que chacun d'entre nous peut mener pour sauvegarder l'environnement. Elles engagent notre responsabilité de citoyen.

L'aire de pique-nique a été aménagée avec des fonds publics.
Que penses-tu de l'attitude des uns et des autres ?

La « Maison des Associations » abrite le siège social des associations locales. Les adhérents des diverses associations peuvent ainsi mieux se connaître et utiliser parfois un matériel commun. Les associations peuvent travailler ensemble à l'animation locale.

Très souvent, comme dans le domaine sportif, les associations se regroupent en fédérations départementales ou nationales pour avoir une action plus efficace.

Les personnes qui veulent s'engager dans la vie associative peuvent choisir : il existe de nombreuses associations locales aux buts très divers (voir les leçons 5 et 6).

Certaines personnes préfèrent participer à des actions nationales à travers des associations déclarées d'utilité publique.

La plupart des associations regroupent des gens qui ne pensent pas forcément la même chose mais qui veulent agir dans le même but.

Le citoyen actif dans la vie associative

Une fois par an, en général, les membres actifs d'une association sont conviés à une assemblée générale où ils débattent des orientations, des activités, des dépenses et recettes (bilan financier) de leur association.

Etre membre actif d'une association, ce n'est pas seulement utiliser les services qu'elle rend, c'est aussi aider à l'organisation administrative et matérielle (organisation des manifestations) de l'association. C'est mettre ses compétences au service des autres.

Dans de nombreuses régions, les gens d'une même profession se regroupent en coopératives pour mettre en commun leur savoir, leurs capitaux, leur travail.

Les adhérents d'une coopérative tiennent des assemblées générales, décident ensemble de leurs actions et élisent un bureau qu'ils contrôlent.

Il existe aussi des coopératives d'achat, des coopératives de production qui fonctionnent selon les mêmes règles.

Il existe en France plusieurs syndicats ouvriers et il est possible à chaque travailleur d'adhérer au syndicat de son choix pour y faire valoir son point de vue.

Les maisons des syndicats regroupent dans le même bâtiment les sections syndicales locales.

Les sections se regroupent souvent au niveau départemental, régional et national.

Certains travailleurs veulent améliorer leurs conditions de vie, leurs conditions de travail. Ils peuvent alors adhérer à un syndicat. Regroupés, ils peuvent mieux faire connaître leurs revendications et les discuter avec leurs employeurs. L'action des syndicats est très importante dans la vie sociale de la nation.

Il existe aussi des syndicats patronaux qui regroupent et défendent les intérêts des employeurs.

Le citoyen actif dans la vie professionnelle

Certaines professions, mécontentes de l'évolution de leurs conditions de vie et n'ayant pas obtenu satisfaction par la négociation, manifestent...

Les manifestations prennent souvent l'aspect de défilés pour alerter l'opinion publique.

Organisées en général par des syndiqués, les manifestations, encadrées par un service d'ordre, regroupent des syndiqués et des non-syndiqués.

Le droit de manifester est aussi important que le droit de grève.

Dans les entreprises occupant plus de 50 salariés existe un comité d'entreprise qui comprend le chef d'entreprise et des délégués du personnel élus.

Le comité d'entreprise étudie tout ce qui touche le personnel. Il doit être consulté sur toutes les modifications importantes de l'entreprise. Il gère les activités sociales, culturelles et sportives de l'entreprise.

Etre délégué du personnel est une tâche importante qui permet de participer activement à la vie de l'entreprise.

Ces insignes sont des signes distinctifs de la fonction exercée par les différents élus politiques dans la commune, le département, la région, la nation...

De très nombreuses personnes sont candidates aux élections politiques pour essayer d'améliorer la vie des habitants.

L'élu est au service de tous.

Les citoyens qui s'intéressent à la vie de leur pays se regroupent souvent, selon leurs idées et les solutions qu'ils veulent apporter, dans des partis politiques.

Un parti politique est une association à laquelle on adhère librement pour discuter, débattre et présenter un programme lors des différentes élections.

L'existence de différents partis politiques est, pour un pays, la preuve d'une vie démocratique active.

Le citoyen actif dans la vie politique

A l'occasion des différentes élections, les électeurs et électrices sont appelés à choisir entre des programmes ou des hommes présentés le plus souvent par des partis politiques.

Le vote est un droit et aussi un devoir : c'est l'expression d'un choix et la garantie d'une vie démocratique.

Respecter le choix de la majorité est important.

Ces personnes attendent le résultat des élections. Elles se sont portées candidates parce qu'elles pensent pouvoir être utiles aux habitants et mieux faire connaître leurs idées.

Etre candidat à une élection n'est pas un hasard : c'est une volonté personnelle de vouloir rendre service.

Je connais la société...

Les leçons 8 à 14, le dossier 2 t'ont fait découvrir différents aspects de la société dont dépend la vie de ta famille.

Ils te permettent de mieux comprendre les informations données par les journaux, la radio, la télévision.

Ce jeu te permettra de tester tes connaissances. Sur cette page les questions s'adressent aux élèves du CM₁, sur la page voisine à ceux du CM₂.

Il t'appartient de vérifier toi-même l'exactitude de tes réponses.

1. Est-il vrai que des enfants de ton âge ont pu travailler 10 à 12 heures par jour au XIXᵉ siècle ?
   — OUI — NON

2. Voici 3 dates : 1864 — 1884 — 1936 et 3 droits : droit de se syndiquer — droit aux congés payés — droit de grève.
   Rends à chaque droit sa date de naissance.

3. Voici un numéro de sécurité sociale : 2.38.07.58.184.002 ;
   — est-ce celui d'un homme ou d'une femme ?
   — quelle est l'année de sa naissance ?

4. Plus de la moitié des Français regarde chaque jour un journal télévisé ?
   — VRAI OU FAUX ?

5. Un journal qui paraît toutes les semaines est-il :
   — un quotidien ?
   — un hebdomadaire ?

6. Avec un minitel, il est possible de passer une commande dans certains grands magasins de vente par correspondance.
   — VRAI OU FAUX ?

7. Pour jouer leur rôle de service public, combien les P.T.T. ont-ils de bureaux de poste ?
   — moins de 2 000
   — entre 2 000 et 15 000
   — plus de 15 000.

8. Quel est le nombre de chiffres du code postal des communes françaises ?
   — 3 — 5 — 7

9. Les membres d'une association se retrouvent en assemblée générale :
   — au moins une fois par an
   — au plus trois fois par an
   — au minimum dix fois par an.

10. En France, l'inscription à un syndicat est obligatoire :
    — VRAI OU FAUX ?

... où je vis

1. A quelle date la Sécurité sociale a-t-elle été créée ?
— 1936 — 1945 — 1968.

2. Dans quelles conditions, le Comité international de la Croix Rouge auquel appartient la Croix Rouge française intervient-il :
— uniquement en cas de guerre ?
— uniquement en cas de catastrophe naturelle seulement ?
— dans les deux cas ?

3. Les membres de la Croix Rouge française sont-ils, en majorité :
— des bénévoles ?
— des personnes salariées ?

4. Pour faire un sondage national d'opinion, on interroge :
— 50 personnes au maximum
— 1 000 personnes environ
— 10 000 personnes au minimum.

5. La publication du résultat des sondages sur les intentions de vote des électeurs n'est jamais interdite.
— VRAI OU FAUX ?

6. L'Institut national de la statistique et des études économiques (I.N.S.E.E.) est-il responsable :
— des sondages d'opinion ?
— du recensement de la population ?
— du contrôle de la presse écrite ?

7. Deux des professions suivantes, n'existaient pas il y a 50 ans, lesquelles ?
— ouvrier agricole
— informaticien
— assistance sociale
— employé de banque

8. Une automobile est formée de milliers de pièces qui sont toutes fabriquées dans le même pays.
— VRAI OU FAUX ?

9. Il n'existe en France que trois syndicats ouvriers et trois partis politiques.
— VRAI OU FAUX ?

10. Un pays dans lequel existent différents partis politiques d'opinions opposées qui peuvent présenter des candidats aux élections est un pays démocratique.
— VRAI OU FAUX ?

Suggestion :

A l'occasion d'une grève, établis avec tes camarades un dossier composé d'extraits de presse qui te permettra de comprendre :
— les causes et les raisons de la grève
— les points de vue du patron et des ouvriers
— l'histoire du conflit et sa solution.

JEU

1 Vue aérienne de Senlis où l'on peut distinguer les anciens remparts.

15 La commune :
1. La plus petite collectivité territoriale.

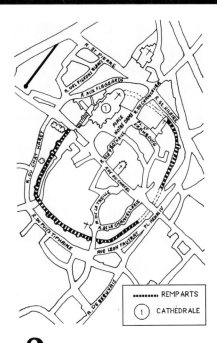

REMPARTS ······
① CATHÉDRALE

2 Plan de Senlis.

« D'hier à aujourd'hui »

Dans la France féodale, la population rurale se regroupait souvent autour de châteaux-forts, sous la protection et l'autorité du seigneur du lieu. Celui-ci protégeait aussi les villes de son fief. Dès le XIe siècle, les villes les plus riches voulurent gérer elles-mêmes leurs affaires.

Par la négociation ou la violence, les habitants de ces bourgs obtinrent de leurs seigneurs le droit de s'administrer et de se défendre eux-mêmes et formèrent des « communes » (ou villes franches). Les villes fortifiées datent de cette époque. On peut parfois voir encore de nos jours les traces des « murs » qui délimitaient le territoire de la ville et les « portes » qui permettaient d'y entrer. Mais la plus grande partie de la population vit dans des paroisses.

C'est en 1789 que la Révolution française établit un statut unique pour les communes et les paroisses. Elle confie aux communes la tenue des registres d'état-civil (mariages, naissances, décès).

existe plus de 36 000 communes en France de [t]aille et d'importance très variables, tant en [s]uperficie qu'en nombre d'habitants. Leurs limites [s]ont marquées sur les cartes à grande échelle.

3 Une commune rurale dépeuplée.

Certaines communes se dépeuplent tandis que d'autres s'urbanisent : des quartiers nouveaux y sont construits. Comment évolue la tienne ?

La commune n'est pas seulement une division territoriale. C'est le lieu où vit « une communauté ». Les personnes qui essaient d'améliorer leurs conditions de vie et celles de leurs citoyens sont très attachées à leur commune, même si elle n'est pas leur commune d'origine.

« Sa commune », c'est ce que l'on en fait en s'associant, en coopérant avec ses voisins, les gens du quartier, les associations locales.

Bien connaître sa commune, c'est être déjà un citoyen informé.

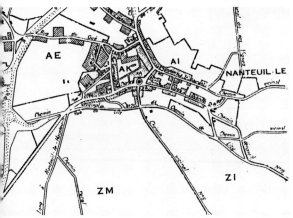

4 Plan cadastral.

Le territoire de la commune est découpé en parcelles.

Ces parcelles appartiennent à des particuliers ou à la commune (école, rue, place...), au département (route, hospice...), à l'État (forêt domaniale, route...).

Le cadastre est l'ensemble des documents qui permet de connaître les limites de chaque parcelle, sa valeur et le nom de son propriétaire.

■ La population des communes

Nombre d'habitants	Nombre de communes		Population de ces communes	
	Total	%	Total	%
100 000 habitants et plus	36	0,1	8 931 152	16,2
50 000 à moins de 100 000	68	0,2	4 503 062	8,2
20 000 à moins de 50 000	285	0,7	8 702 912	15,7
10 000 à moins de 20 000	412	1,1	5 693 608	10,3
5 000 à moins de 10 000	817	2,2	5 588 695	10,1
2 000 à moins de 5 000	2 402	6,7	7 308 516	13,1
1 000 à moins de 2 000	3 771	10,4	5 227 558	9,4
500 à moins de 1 000	6 452	17,7	4 468 763	8,1
moins de 500	22 190	60,9	4 872 373	8,9
Total (métropole)	36 433	100	55 296 639	100

N.B. : 4 communes françaises sont inhabitées : [B]eaumont-en-Verdunois, Bezonveaux, Haumont près de Samogneux et [L]ouvemont-Côte du Poivre, qui toutes se trouvent dans le département [d]e la Meuse.

Exercices

● **Observe le tableau ci-contre : dans quel groupe de communes se trouve la tienne ?**

Celle où tu iras au collège ?

● **Etablis un graphique mettant en évidence le nombre de communes dans chaque tranche de population.**

2. Le conseil municipal et le maire.

. As-tu le droit d'assister à une réunion du conseil municipal ?

. Peux-tu y prendre la parole ?

. Connais-tu l'emplacement des panneaux où est affiché le procès-verbal des délibérations du conseil municipal ?

. Pourquoi le nombre de conseillers municipaux est-il toujours impair ?

5 Les membres du conseil municipal sont élus tous les 6 ans au suffrage universel. Lors de la première séance du conseil municipal, ils élisent un maire et des adjoints.

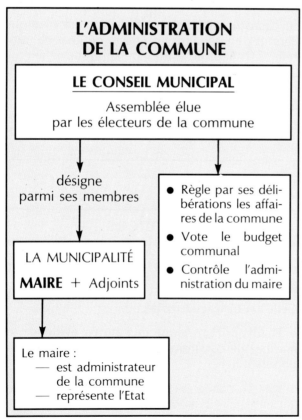

L'ADMINISTRATION DE LA COMMUNE

LE CONSEIL MUNICIPAL

Assemblée élue
par les électeurs de la commune

désigne
parmi ses membres

- Règle par ses délibérations les affaires de la commune
- Vote le budget communal
- Contrôle l'administration du maire

LA MUNICIPALITÉ

MAIRE + Adjoints

Le maire :
— est administrateur de la commune
— représente l'Etat

Nombre d'habitants de la commune	Nombre de conseillers municipaux
moins de 100	9
100 à 499	11
500 à 1 499	15
1 500 à 2 499	19
2 500 à 3 499	23
3 500 à 4 999	27
5 000 à 9 999	29
10 000 à 19 999	33
20 000 à 29 999	35
30 000 à 39 999	39
40 000 à 49 999	43
50 000 à 59 999	45
60 000 à 79 999	49
80 000 à 99 999	53
100 000 à 149 999	55
150 000 à 199 999	59
200 000 à 249 999	61
250 000 à 299 999	65
300 000 et plus	69
Lyon	73
Marseille	101
Paris	163

Lyon, Marseille, Paris possèdent des conseils d'arrondissement élus en même temps et sur les mêmes listes que les conseils municipaux.

6 Quelles sont les principales fonctions du maire ?

7 Combien ta commune compte-t-elle de conseillers municipaux ?

8 Une cantine et une bibliothèque municipales.

Les communes s'administrent librement par l'intermédiaire d'un conseil municipal.

Le conseil se réunit obligatoirement 4 fois dans l'année sous la présidence du maire, mais le maire peut le réunir plus souvent. Il délibère sur les nombreux sujets qui touchent à la vie de la population :

— organisation des services municipaux (cantine, crèche, police, ramassage des ordures ménagères et des objets encombrants) ;

— entretien et construction d'équipements divers (écoles, centre de secours, stade...) ;

— création de zones d'habitations et d'activités diverses, etc.

L'acte le plus important du conseil municipal est le vote du budget de la commune qui, chaque année, fixe les dépenses et les recettes. Parmi les recettes, figurent les impôts versés par les contribuables locaux.

Dans les communes importantes, les conseillers se groupent en commissions spécialisées pour l'étude de questions précises : finances, écoles, animation, développement du sport...

Lexique

Une division territoriale est une partie du territoire national. La commune est la plus petite division territoriale de la France au niveau de l'administration.

Une collectivité est un ensemble de personnes (par exemple, la collectivité scolaire) qui ont un intérêt commun.

Une collectivité territoriale est un ensemble de personnes vivant dans le même territoire administratif et qui, par l'intermédiaire de ses élus, s'organise librement dans le cadre des lois.

Un statut est l'ensemble des règles établies pour la conduite de la commune ou d'une association.

Une paroisse est le territoire où s'étend l'autorité d'un curé.

Délibérer, c'est discuter pour savoir ce qu'on doit faire.

Recherche - Action

● **Pour informer les citoyens des activités du conseil municipal et des associations locales de nombreuses communes éditent des bulletins municipaux.**

Avec tes camarades, étudie celui de ta commune s'il en existe un.

S'il n'en existe pas, relève sur le panneau d'affichage des délibérations du conseil municipal, la liste des affaires discutées par le conseil.

● **Quelles suggestions aimerais-tu faire au conseil municipal de ta commune ?**

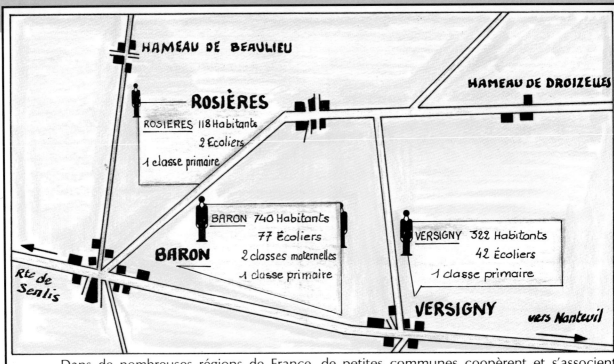

HAMEAU DE BEAULIEU

HAMEAU DE DROIZELLES

ROSIÈRES

ROSIERES 118 Habitants
2 Écoliers
1 classe primaire

BARON 740 Habitants
77 Écoliers
2 classes maternelles
1 classe primaire

BARON

VERSIGNY 322 Habitants
42 Écoliers
1 classe primaire

Rte de
Senlis

VERSIGNY

vers Nanteuil

1 Dans de nombreuses régions de France, de petites communes coopèrent et s'associent pour maintenir une école dans chaque village : elles créent un regroupement pédagogique semblable à celui qui est représenté ci-dessus. C'est une action de coopération intercommunale.

16 La commune :
la coopération intercommunale.

2 Qui a construit le collège où tu iras l'an prochain ?
. Un syndicat de communes ?
. Une commune seule ?
. Un district urbain ?
. Une communauté urbaine ?
. Un département ?

«D'hier à aujourd'hui»

Depuis longtemps, pour assurer à leurs habitants un certain nombre de services, les communes ont été souvent obligées de s'associer, de coopérer volontairement pour faire face aux dépenses nécessaires pour la construction et le fonctionnement d'installations (salle intercommunale — piscine — château d'eau...), pour le fonctionnement de certains services (transports — sécurité...).

En milieu rural les communes se regroupent, pour un but précis, en « syndicat à vocation unique » ou en syndicat intercommunal à vocations multiples (S.I.V.O.M.) si elles mènent ensemble plusieurs actions.

En milieu urbain, elles se regroupent en district urbain ou en communauté urbaine quand l'agglomération dépasse 50 000 habitants.

Ce sont tous des organismes de coopération intercommunale.

. Il existe plus de 14 000 organismes de coopération intercommunale dans notre pays.

. D'importance variable, ils ont tous comme but de rassembler des communes pour leur permettre de créer ensemble des équipements ou des services que chacune d'elles ne pourrait créer seule.

. Les organismes intercommunaux sont tous gérés par des représentants des communes adhérentes qui élisent, parmi eux, un président et un bureau.

3 Que t'apprennent ces extraits de presse ?

LA COMMUNAUTÉ URBAINE DE LILLE

Elle est celle qui regroupe le plus de communes (91) où habitent près d'un million deux cent mille personnes.

Elle est administrée par le conseil de la communauté composé de 140 membres représentant toutes les communes.

Ce conseil gère les plans d'équipement, les espaces verts, les lycées, les collèges, les organismes d'HLM, le ramassage et la destruction des ordures ménagères, les transports... Il assure ainsi les mêmes services à tous les habitants de la communauté.

Il existe 9 communautés urbaines qui regroupent en tout près de 4 000 000 d'habitants et environ 250 communes : Bordeaux, Brest, Cherbourg, Dunkerque, le Creusot-Montceau-les-Mines, Le Mans, Lille, Lyon, Strasbourg.

4 Le métro de Lille : une réalisation de la communauté urbaine.

Exercices

● Repère sur une carte de France les 9 communautés urbaines.

● A travers les exemples donnés, recense des équipements intercommunaux.

● Ta commune est-elle adhérente d'un organisme de coopération intercommunale ? Si oui, où en est le siège ?

Ce chantier est celui d'une salle polyvalente, elle aura plusieurs usages.

Recherche les usages que peuvent en faire les habitants et les associations du regroupement intercommunal.

SIVOM de GRANCY
CONSTRUCTION D'UNE SALLE POLYVALENTE A USAGE SPORTIF ET CULTUREL AVEC LA PARTICIPATION DE L'ÉTAT ET DE LA RÉGION.

5 Parce qu'il n'y a pas assez d'habitants dans leurs communes, certains maires ne peuvent pas créer les équipements qui seraient nécessaires : les communes se regroupent pour le faire. Les membres du comité syndical sont venus se rendre compte de l'avancement des travaux.

Pour améliorer l'environnement, éviter les décharges sauvages, des communes se sont regroupées pour réaliser cette usine d'incinération.

6 Où sont transportées les ordures ménagères de ta commune ?

Un plan d'eau peut attirer les touristes, à condition d'être aménagé.
Dans de nombreux départements les communes se regroupent pour créer, ensemble, un site touristique.

7 En existe-t-il dans ta région ?

PROCES - VERBAL DE LA REUNION DU COMITE SYNDICAL
DU 26 MARS 1987

Date d'envoi des convocations:

16 mars 1987

Nombres de délégués:

en exercice: 32
présents: 24
Pouvoirs: 3
Votants: 27

L' an mil neuf cent quatre vingt sept,
le 26 mars à 18 H 30
le Comité Syndical, dûment convoqué, s'est réuni à BOISSY-FRESNOY, dans la salle polyvalente.

PRESENTS: MM. les délégués titulaires de 13 communes
EXCUSES: les délégués de 3 communes

Monsieur le Maire de Boissy- Fresnoy ainsi que le Principal du Collège, assistaient également à la séance.
Secrétaire de séance: Madame la Deléguée de Silly.

APPROBATION DU PROCES-VERBAL DE LA DERNIERE SEANCE:

Lecture faite, le procès-verbal de la réunion du 16 octobre 1986, transmis à tous les délégués, est adopté à l'unanimité.

BUDGET PRIMITIF 1987

Monsieur le Vice-Président, soumet au Comité Syndical les propositions du bureau et de la commission "CENTRE DE SECOURS" en ce qui concerne l'élaboration du Budget Primitif 1987.
Le Comité Syndical, après avoir délibéré, ADOPTE, à l'unanimité, les différents budgets arrêtés aux montants suivants:

Section de Fonctionnement (équilibrée en recettes et dépenses)
-Administration Générale.. 1 450 125
-Centre de Secours... 624 667
-Transports Scolaires.. 125 200
-Ordures Ménagères.. 482 943
-Ecole de Musique... 128 804
                         TOTAL GENERAL................. 2 811 739

8 Un procès-verbal d'une réunion d'un S.I.V.O.M.

Voici un extrait d'un procès-verbal d'une réunion de S.I.V.O.M.

. Combien de communes adhèrent à ce S.I.V.O.M. ?
. Quel est le nombre de délégués des communes ?
. De quels sujets ont-ils débattu ?

(Le budget primitif est l'ensemble des recettes et des dépenses prévues au début de l'année.)

Quelques chiffres en 1983

36 545 communes en France

9 communautés urbaines

153 districts

15 039 syndicats intercommunaux

Lexique

Coopérer, c'est agir avec d'autres personnes. La coopération intercommunale fait agir plusieurs communes ensemble pour atteindre un même but.

Un organisme intercommunal est une structure administrative mise en place par des élus de plusieurs communes pour atteindre un but précis.

Recherche - Action

La coopération intercommunale s'exerce souvent dans des domaines qui touchent toute la population, comme par exemple :
— **la distribution de l'eau**
— **l'organisation des transports scolaires ou urbains**
— **la construction d'équipements sportifs.**

Enquête sur ces 3 points en ce qui concerne ta commune.

Agit-elle seule ou avec d'autres communes ?

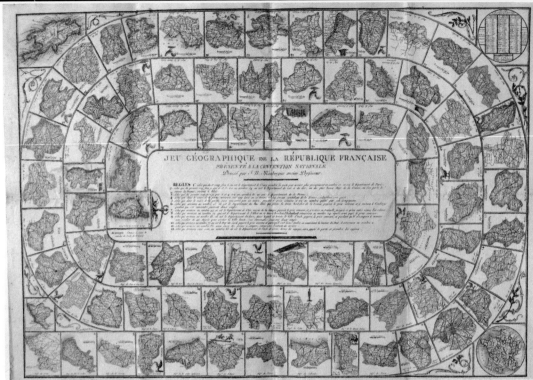

1 Ce jeu géographique, édité en 1794, représente les propositions de découpage de la France. Essaie de retrouver ton département. A-t-il la même forme qu'aujourd'hui ?

17 Les collectivités territoriales
1. Le département.

2 Un préfet vers 1800. Depuis 1800, le préfet représente l'Etat dans chaque département.

«D'hier à aujourd'hui»

Avant 1789, le royaume de France était divisé en « généralités » qui avaient à leur tête un intendant représentant le roi.

En 1789, les membres de l'Assemblée constituante cherchèrent à rapprocher certains services des habitants.

Ils voulaient que chacun puisse se rendre, en une seule journée de cheval, dans la ville importante où se trouveraient le représentant et les services de l'Etat : le chef-lieu. Ils décidèrent de découper la France en 83 divisions qu'ils nommèrent « départements ».

Le nombre des départements a varié dans le temps, en particulier pour tenir compte de l'augmentation de la population de la région parisienne.

Il y a actuellement 96 départements métropolitains et 5 départements d'outre-mer.

Département du Nord

Le département, comme la commune, est une collectivité territoriale.

Il a des limites géographiques.

Il est administré par une assemblée élue appelée conseil général qui siège au chef-lieu.

Au chef-lieu se trouve aussi la préfecture où réside le préfet, commissaire de la République, qui représente l'Etat, le gouvernement et les ministres dans le département.

3 Les départements ont chacun un logo distinctif. Quel est celui de ton département ?

— **L'arrondissement** est une circonscription administrative qui groupe plusieurs cantons.

Au chef-lieu de l'arrondissement se trouve la sous-préfecture où réside le sous-préfet, commissaire adjoint de la République chargé d'aider les élus locaux.

— **Le canton** est une circonscription électorale.

Les grandes villes sont divisées en plusieurs circonscriptions.

Etudie la carte du Rhône pour trouver :

— le nombre d'arrondissements et leurs chefs-lieux ;

— le nombre de cantons, ce qui te donnera le nombre des membres de l'assemblée départementale.

Carte :

Saône-et-Loire
Monsols
Beaujeu
Belleville
Lamure
Thizy
VILLEFRANCHE
Amplepuis
Anse
Le Bois-d'Oingt
Tarare
Loire
Neuville-sur-Saône
L'Arbresle
Rillieux
Limonest
Caluire
Crépieux-la-Pape
Tassin-la-Demi-Lune
Villeurbanne
S¹-Laurent-de-Chamousset
LYON
Vaulx-en-Velin
Meyzieux
Vaugneray
S¹ Foy-les-Lyon
Bron
Décines-Charpieu
Oullins
Vénissieux
S¹ Genis-Laval
S¹ Fons
Saint Priest
S¹ Symphorien-sur-Coise
Irigny
Mornant
S¹-Symphorien-d'Ozon
Givors
Isère
Condrieu

LYON ET VILLEURBANNE
nord
centre Villeurbanne
sud
1 2 3 4 5 6 7 8 9 10 11 12 13

Légende
••••• Arrondissements
– – – Cantons

4 Les divisions administratives du département du Rhône.

Exercices

● **Recherche le nombre d'arrondissements et de cantons de ton département en t'aidant du calendrier des postes.**

● **Essaie d'expliquer l'origine du nom de ton département.**

2. Le conseil général.

Chaque conseiller général est élu :

— pour 6 ans,
— au suffrage universel,
— dans le cadre du canton.

Le conseil général est renouvelable par moitié tous les trois ans.

. Quel est le nom de ton canton ?

. A quelle date le conseiller général de ton canton a-t-il été élu ?

5 Chaque conseil général se réunit au chef-lieu du département (au moins une fois par trimestre). Il délibère sur toutes les affaires d'intérêt départemental. Les séances plénières sont publiques.

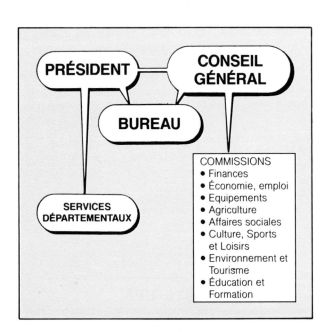

PRÉSIDENT — CONSEIL GÉNÉRAL

BUREAU

SERVICES DÉPARTEMENTAUX

COMMISSIONS
• Finances
• Économie, emploi
• Equipements
• Agriculture
• Affaires sociales
• Culture, Sports et Loisirs
• Environnement et Tourisme
• Éducation et Formation

Le conseiller général est au service, au sein du conseil général, des intérêts de tout le département.

Il fait état aussi des besoins de son canton et des solutions à rechercher.

Il travaille dans une ou plusieurs commissions pour préparer les délibérations du conseil général.

Il peut être membre du bureau. Le bureau groupe un nombre restreint de conseillers généraux. Ils traitent les affaires qui ne nécessitent pas une décision de l'assemblée.

Le président du conseil général prépare et exécute les décisions du conseil général. Il dirige les services du département.

6 Chaque conseil général s'organise en commissions, élit un bureau et un président. Le nombre de membres du bureau, celui des commissions varient selon les départements.

A Paris, le conseil municipal joue aussi le rôle de conseil général.

Chaque conseil général est libre d'engager des actions particulières dans de nombreux domaines :

Entretien d'une voirie départementale.

Une manière originale d'accueillir les touristes.

Action en faveur de la vie culturelle.

Chaque conseil général essaie de répondre aux besoins de ses habitants. Le budget qu'il vote chaque année doit lui permettre :

● de faire face aux dépenses d'action sociale destinées aux enfants, aux personnes âgées, aux handicapés en particulier et à l'aide médicale en faveur des familles en difficulté,

● d'entretenir et d'améliorer le réseau routier départemental,

● de payer le personnel de ses services,

● d'organiser les transports scolaires et d'améliorer les transports publics,

● d'aider les communes à s'équiper,

● de sauvegarder le patrimoine départemental,

● de gérer, d'équiper, de construire les collèges,

● de soutenir la vie associative,

● d'aider à la création d'entreprises, de promouvoir le tourisme, d'améliorer les conditions de vie en milieu rural...

 7 Recherche quelles commissions étudient ces différents problèmes.

Lexique

Une commission est l'ensemble des membres élus par une assemblée pour étudier des dossiers particuliers, surveiller le déroulement de différentes affaires : finances, transports...

Délibérer, c'est réfléchir ensemble, discuter et prendre des décisions.

Exécuter, c'est mettre en application.

Recherche - Action

● **Relève, dans les journaux locaux, les interventions du président du conseil général et des conseillers généraux.**

● **Dresse, à partir de ces articles, une liste de décisions du conseil général de ton département.**

1 Louis XIV a voulu, tout au long de son règne agrandir le domaine royal. En 1674 ses troupes assiègèrent Besançon et conquirent la Franche-Comté.

18 Les collectivités territoriales
1. La région.

2 Le mariage d'Anne de Bretagne et de Louis XII permit le rattachement de la Bretagne au domaine royal.

«D'hier à aujourd'hui»

En 987, quand Hugues Capet fut élu roi de France par les grands seigneurs rassemblés à Senlis (Oise), il n'était le maître incontesté que du domaine royal, qui s'étendait autour de Paris et d'Orléans. Chaque grand seigneur (duc, comte...) ne respectait pas toujours l'autorité royale. Les provinces avaient leurs coutumes, leurs lois et parfois leur langue. Les rois de France successifs s'attacheront à agrandir le domaine royal en usant de diplomatie (achats, mariages...) ou de la force. En 1789, le domaine royal, la France, avait à peu près ses limites actuelles.

Depuis la Révolution, les gouvernements successifs mirent en place une administration identique sur tout le territoire pour renforcer leur autorité.

Depuis 1959, 22 régions ont été créées, réunissant chacune plusieurs départements. Cette organisation doit permettre plus de diversité et d'efficacité dans le développement de la vie régionale.

Chacune des 22 régions administratives de la France métropolitaine est une collectivité territoriale.

— Elle a des limites précises comme chaque commune et chaque département.
Chaque région est formée de plusieurs départements et a une capitale régionale qui est souvent la plus grande ville de la région.

— Elle s'administre librement par l'intermédiaire d'une assemblée élue comme chaque commune et chaque département. Cette assemblée est le conseil régional. Il siège dans la capitale régionale.

Les quatre régions hors de la métropole ont les mêmes limites que les quatre départements d'outre-mer.

	Superficie (km^2)	Population (millions) 1982	Capitale régionale
Alsace	8 300	1,5	Strasbourg
Aquitaine	41 300	2,6	Bordeaux
Auvergne	26 000	1,3	Clermont-Ferrand
Basse-Normandie	17 600	1,3	Caen
Bourgogne	31 600	1,6	Dijon
Bretagne	27 200	2,6	Rennes
Centre	39 000	2,2	Orléans
Champagne-Ardennes	25 600	1,3	Châlons-s-Marne
Corse	8 700	0,3	Ajaccio
Franche-Comté	16 000	1,1	Besançon
Haute-Normandie	12 300	1,6	Rouen
Ile-de-France	12 000	10	Paris
Languedoc-Roussillon	27 500	1,8	Montpellier
Limousin	17 000	0,74	Limoges
Lorraine	23 500	2,3	Metz
Midi-Pyrénées	45 400	2,3	Toulouse
Nord	12 400	3,9	Lille
Pays-de-Loire	32 100	2,8	Nantes
Picardie	19 400	1,7	Amiens
Poitou-Charentes	25 800	1,5	Poitiers
Provence-Côte-d'Azur	31 400	3,7	Marseille
Rhône-Alpes	43 700	4,8	Lyon

3 Hôtel de région à Nantes.

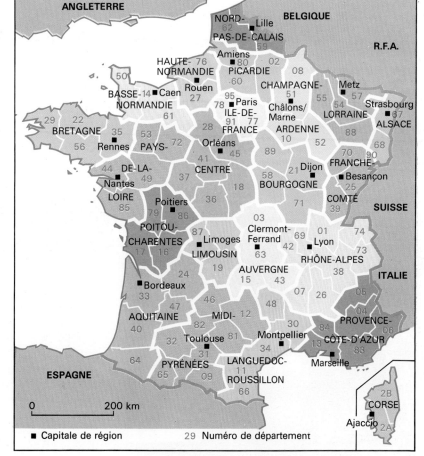

4 Les régions actuelles.

- Capitale de région   29 Numéro de département

● Classe les différentes régions françaises dans l'ordre croissant en fonction de leur superficie, de leur population, du nombre de départements qu'elles regroupent. ● Où se situe ta région dans ces différents classements ?

2. Le conseil régional.

Avant 1986, chaque conseil régional était composé de membres de droit (députés, sénateurs, maires...) et de membres élus par les conseils généraux des départements de la région.

5 En mars 1986, pour la première fois, les citoyens ont élu pour six ans au suffrage universel direct, à la proportionnelle, les membres des conseils régionaux.

Pendant longtemps les Français ont pensé que l'Etat avait à s'occuper de tout, partout, pour l'administration du pays.

C'était la centralisation.

La loi du 2 mars 1982 dit que « les communes, les départements et les régions s'administrent librement par des conseils élus ». C'est la décentralisation.

La région est administrée par un conseil régional et son président.

Le conseil régional étudie, amende, vote le budget de la région après avoir pris l'avis d'une autre assemblée régionale, « le comité économique et social » composé de représentants des entreprises et activités professionnelles, des syndicats ouvriers et d'associations.

Le président exécute les décisions de l'assemblée.

Depuis 1986, les conseillers régionaux sont élus au suffrage universel direct comme les conseillers municipaux et les conseillers généraux.

6 Une séance du conseil régional de Picardie, à Amiens.

Construction d'un lycée.

Train régional.

Orchestre régional.

Chaque conseil régional s'est vu confier par la loi de décentralisation des actions qui étaient menées par l'Etat : la formation des hommes, l'aménagement du territoire, le développement économique.

Formation des hommes : le conseil régional est responsable de la formation professionnelle, des lycées...

Aménagement du territoire : le conseil régional aide à la création d'équipements collectifs favorisant la vie des habitants.

Développement économique : le conseil régional peut apporter des aides directes ou indirectes aux entreprises...

Chaque conseil régional établit ses priorités et fixe ses choix en fonction des besoins de sa région.

Il est libre aussi d'engager des actions dans de nombreux domaines tels que les transports, le tourisme, la culture, la recherche...

7 Les actions des conseils régionaux

Lexique

Centralisation : action de réunir en un seul centre, un seul lieu, l'autorité et les pouvoirs.

Décentralisation : action visant à répartir, à travers le pays, des pouvoirs, des administrations... qui étaient groupés en un seul lieu.

Elections à la proportionnelle : système électoral qui accorde aux diverses listes des représentants en fonction des suffrages obtenus. L'électeur vote pour une liste.

Recherche - Action

● **Etablis la fiche signalétique de ta région après avoir dessiné son logo :**

Nom — superficie — population.

Nombre de départements qui la forment.

Adresse du conseil régional.

Nombre de conseillers régionaux.

Nom du président.

Principales actions engagées par ta région.

« Nous, membres de cette Assemblée, prêtons... serment de ne jamais nous séparer tant que la Constitution du Royaume ne sera pas établie... »
Serment du Jeu de Paume (20 juin 1789).

1

19 L'Etat
1. La constitution.

Le général de Gaulle proclame la constitution de la Vᵉ République, Place de la Bastille.

2

«D'hier à aujourd'hui»

Depuis la fin du Moyen-Age, les rois de France ont obligé les grands seigneurs à leur obéir et sont devenus des monarques au pouvoir absolu. Ils gouvernent selon leur bon vouloir avec les ministres qu'ils choisissent. La loi, c'est le roi.

Au XVIIIᵉ siècle, des idées nouvelles se répandent.

Des penseurs, comme Montesquieu, disent que le roi ne doit pas posséder tous les pouvoirs et qu'un ensemble de lois, la constitution, doit organiser le gouvernement d'un pays.

La Révolution de 1789 oblige le roi Louis XVI à accepter une constitution. Elle est rédigée par les députés de l'Assemblée constituante et adoptée en 1791.

C'est la première constitution française et bien d'autres lui succèderont. Actuellement, nous vivons sous la constitution de la Vᵉ République, adoptée en 1958.

Les citoyens d'un même pays obéissent aux lois que leur gouvernement fait appliquer. Si un citoyen ne respecte pas la loi, un tribunal le juge.

En France le pouvoir de voter les lois (pouvoir législatif) appartient au parlement élu.

Le pouvoir de faire appliquer les lois (pouvoir exécutif) appartient au président de la République élu et au gouvernement qu'il nomme.

Le pouvoir de juger celles et ceux qui n'appliquent pas la loi (pouvoir judiciaire) appartient à des juges qui sont indépendants des pouvoirs exécutif et législatif.

3 La France est un Etat de droit.

La constitution est l'ensemble des lois fondamentales de l'Etat.

Elle définit la représentation du peuple souverain dans les différentes assemblées.

Elle établit les droits et les devoirs des citoyens.

Elle précise le rôle des diverses organisations qui participent à la vie politique de la nation.

Elle préserve la séparation des pouvoirs législatif, exécutif et judiciaire.

Recherche - Action

● **Dans quelle case est évoqué :**
1. **Le pouvoir judiciaire**
2. **le pouvoir exécutif**
3. **le pouvoir législatif**
4. **l'organisation des élections**
5. **le vote des citoyens**
6. **le droit à l'information**
7. **le droit de grève**
8. **le droit de réunion**
9. **l'existence de partis politiques**

● **Tout citoyen peut agir même sans être élu.**

Quelles cases correspondent aux actions possibles de chaque citoyen ?

4 Les institutions françaises.

2. Les différents pouvoirs.

Le pouvoir législatif

Le pouvoir législatif — celui de voter les lois — est détenu par le parlement.

Le parlement est formé de deux assemblées :

● **La chambre des députés** ou Assemblée nationale. Les députés qui siègent au Palais Bourbon sont élus au suffrage universel direct tous les 5 ans.

● **Le Sénat :** Les sénateurs qui siègent au palais du Luxembourg sont élus par les députés, les conseillers généraux et les délégués de toutes les communes de France. Leur mandat dure 9 ans.

5 Créé en 1958, le conseil constitutionnel, composé de 9 membres, peut être appelé à vérifier la conformité avec la constitution d'une loi (ou d'un article de loi) votée par le parlement. Le texte jugé non conforme est annulé.

Le pouvoir exécutif

Nommés par le président de la République, le Premier ministre et les membres de son gouvernement détiennent le pouvoir exécutif.

● Où le conseil des ministres se réunit-il ?

● Relève dans la presse des articles concernant les travaux du conseil des ministres.

6 Présidé par le président de la République, le conseil des ministres examine les projets de lois, suit les affaires de la France.

Le pouvoir judiciaire

La justice est une des plus importantes parmi les fonctions de l'Etat. Les juges (magistrats) qui mènent les débats au cours d'un procès et qui prononcent les peines sont indépendants et inamovibles : le ministre de la justice les nomme, mais ne peut les déplacer sans leur consentement.

7 Rentrée solennelle de la Cour d'Appel.

Lexique

La souveraineté est l'autorité suprême, celle qui prend les décisions finales et qui n'est soumise à aucun contrôle.

La souveraineté nationale est l'autorité exercée par le peuple, par la nation.

La séparation des pouvoirs rend les pouvoirs exécutif (qui gouverne), législatif (qui vote les lois) et judiciaire (qui juge) indépendants les uns des autres.

Un pouvoir absolu est un pouvoir souverain, sans limite.

Recherche - Action

● **Cherche les noms des représentants élus de ton département (députés et sénateurs).**

● **Où se trouvent les tribunaux les plus proches de chez toi ?**

1 Chaque année le chef de l'Etat reçoit les corps constitués : ambassadeurs, hauts fonctionnaires de l'administration...

20 L'Etat
1. Les pouvoirs du président.

2 Vincent Auriol, élu président de la République, quitte Versailles pour Paris.

«D'hier à aujourd'hui»

Après le 1er Empire, qui a remplacé la République issue de la Révolution de 1789, et un bref retour à la monarchie, en 1848, un nouveau soulèvement amène la IIe République.

La constitution de 1848 instaure un président de la République élu pour quatre ans au suffrage universel.

Le premier président sera Louis Napoléon Bonaparte, neveu de Napoléon 1er.

Les différentes constitutions et lois constitutionnelles qui organisent les gouvernements républicains de 1848 à nos jours font varier le mode d'élection du président et lui accordent plus ou moins de pouvoirs.

Sous la IVe République, de 1946 à 1958, le président est désigné par les parlementaires réunis à Versailles.

En 1958, le général de Gaulle fait adopter la constitution de la Ve République qui rend au président des pouvoirs importants. Elle est modifiée par référendum en 1962 pour permettre l'élection du président de la République au suffrage universel.

■ Les attributions du président de la République

Voici quelques articles de la constitution qui définissent les attributions du président de la République.

Article 8 - le président de la République nomme le Premier ministre.

Article 9 - Il préside le conseil des ministres.

Articles 13 et 14 - Il nomme aux emplois civils et militaires.

Article 15 - Il est le chef des armées.

Articles 52 à 55 - Il négocie et ratifie les traités (il les approuve).

Article 10 - Il promulgue les lois (il les rend applicables en les signant).

Article 12 - Il peut dissoudre l'Assemblée nationale.

Article 5 - Il veille au respect de la constitution.

Articles 64 et 65 - Il est garant de l'indépendance de l'autorité judiciaire.

Exercices

En cas de vacance de la présidence de la République le président du Sénat en assure l'intérim.

● Interroge tes parents pour savoir dans quelles circonstances la présidence de la République a été vacante.

● Relève dans la presse ou à la télévision, des exemples des différents rôles du président de la République.

2. Les pouvoirs du gouvernement.

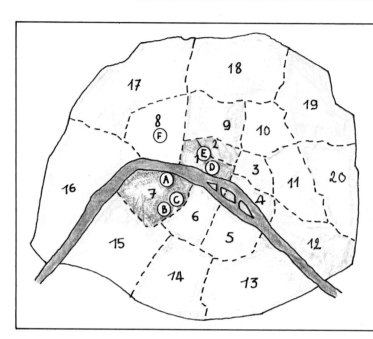

● Relève sur ce plan de Paris le nom de quelques ministères.

● Où et quand les ministres se réunissent-ils ?

● Comment appelle-t-on ces réunions de travail ?

● Qui rend compte des travaux de ces réunions ?

A - MINISTÈRE DES AFFAIRES ÉTRANGÈRES
B - MINISTÈRE DE L'AGRICULTURE
C - MINISTÈRE DE L'ÉDUCATION NATIONALE
D - MINISTÈRE DES FINANCES
E - MINISTÈRE DE LA JUSTICE
F - MINISTÈRE DE L'INTÉRIEUR

3 Les différents ministères ont leur siège à Paris, capitale de la France. Leur nombre et leur nom peuvent changer selon les gouvernements.

4 Le Premier ministre réside à l'hôtel Matignon, à Paris.

Le Premier ministre, nommé par le président de la République, est le chef du gouvernement. Il est responsable de la défense nationale.

Le gouvernement, composé de ministres et de secrétaires d'état, est responsable de la politique de la France.

Avec le président de la République, il représente le pouvoir exécutif. Il fait appliquer les lois adoptées par le Parlement, avec l'aide des fonctionnaires des différents ministères, des préfets commissaires de la République, qu'il nomme dans les départements et les régions, et des maires, représentants de l'Etat dans leur commune.

Entouré de conseillers, chaque ministre dirige un secteur de l'activité du pays ou un service public.

Avec l'administration de son ministère, il élabore et gère son budget. Il peut proposer des projets de loi pour transformer les conditions de vie de ses administrés.

JOURNAL OFFICIEL DE LA REPUBLIQUE FRANCAISE

ministère de l'éducation nationale

Arrêté du 16 mai 1986 fixant la composition et le nombre des membres de chaque section du Conseil national des astronomes et des physiciens

Premier ministre

Arrêté du 16 juin 1986 portant nomination au comité central d'enquête sur le coût et le rendement des services publics

REMANIEMENT MINISTERIEL

Monsieur Blanget est remplacé par Mademoiselle Picard au Secrétariat d'Etat à la Jeunesse et aux Sports

Les ministres font exécuter leurs décisions par des arrêtés ministériels.
Ceux-ci sont publiés au Journal officiel. En voici deux exemples.

Les différents ministres européens se rencontrent périodiquement pour mettre au point les grands projets européens et décider d'actions communes.

Pour faire face aux problèmes du moment, le gouvernement peut procéder à un changement de ministres, créer ou supprimer un ou plusieurs ministères.

(en milliards de francs)	
AFFAIRES SOCIALES	103,6
AGRICULTURE	33,5
CULTURE	9,62
DÉFENSE NATIONALE	158,3
ÉDUCATION NATIONALE	185,8
FINANCES	32,9
INTÉRIEUR	53,9
RECHERCHE	26,3
JUSTICE	12,1
JEUNESSE ET SPORTS	2,2
URBANISME ET LOGEMENT	97,4
...	...
Total des dépenses de l'Etat (1986)	1 030,6

5 Le budget de quelques ministères en 1986.

● Gouverner,
 — c'est préparer l'avenir
 — c'est choisir des actions prioritaires

● Classe les grands ministères en fonction de leur budget 1986.

● De quels ministères dépendent les personnels suivants :
. employés de préfecture
. percepteurs
. instituteurs
. commissaires de police
. assistantes sociales
. gendarmes

Lexique

Le roi de **droit divin** prétendait détenir son pouvoir de Dieu qu'il reconnaîssait comme seul juge.

La vacance d'un poste (ou d'une fonction) est le temps pendant lequel il demeure inoccupé.

Les articles sont les différents paragraphes d'un contrat, d'un traité (ici, de la constitution).

Recherche - Action

● **Avec tes camarades, dresse la liste complète des membres du gouvernement actuel.**

● **Recense dans ton quartier ou ta commune les différents services administratifs publics et indique de quels ministères ils dépendent.**

● **Relève dans la presse ou à la télévision, des témoignages de l'action du gouvernement.**

1 La société évolue, les lois aussi. En 1981, l'Assemblée nationale et le Sénat ont voté une loi, présentée par le ministre de justice, abolissant la peine de mort en France.

21 La loi :
naissance d'une loi.

2 Les lois garantissent les droits de l'homme et précisent les devoirs du citoyen.

«D'hier à aujourd'hui»

La nécessité de se grouper pour chasser, se protéger, survivre a conduit les hommes à s'organiser en clans, en tribus, en sociétés, à se donner des règles, des lois.

Selon les pays ou les régions, ces règles, très variables, qui correspondaient ou s'adaptaient au mode de vie local étaient adoptées, modifiées, transmises par les usages, les coutumes ; elles pouvaient être orales ou écrites.

En France, lorsque le pouvoir royal voulut faire appliquer dans tout le pays certaines règles communes, les décisions du Roi furent transmises par les Edits royaux qui s'imposaient à tous les sujets.

Plus tard, à partir de la Révolution de 1789, le pouvoir de faire les lois qui réglementent la vie du pays fut confié par les constitutions successives à des assemblées élues par les citoyens.

1

Pour répondre à des besoins nouveaux, un ministre peut proposer un projet de loi ou un parlementaire une proposition de loi sur le bureau de l'une des deux assemblées.

2

Ce projet sera examiné, corrigé, retenu ou rejeté par une commission spécialisée.

3

Le conseil des ministres décidera de son inscription au programme de travail du Parlement.

4

L'Assemblée nationale et le Sénat, à tour de rôle, étudieront le projet, entendront le ministre responsable ou son représentant, et voteront l'adoption ou le rejet du texte.

5

Le texte adopté par le Parlement est signé par le président de la République, puis publié au Journal officiel : tous les citoyens devront connaître la nouvelle loi et la respecter.

3 Le chemin de la loi.

Lexique

Un amendement est une proposition de modification, de correction d'un article, d'un texte de loi.

La navette est le va-et-vient entre les deux assemblées d'un texte de loi en vue de son adoption, après discussion et vote.

Recherche - Action

● **Relève dans la presse ou à la télévision un exemple de loi adoptée par le Parlement.**

● **Sans en avoir toujours bien conscience, nous vivons en permanence dans un véritable « bain de lois ». Ces lois protègent le consommateur (tabac, alcool...) réglementent la circulation, l'affichage, les rapports entre propriétaires et locataires, entre employeurs et salariés, organisent la vie démocratique du pays...**

Dans ton entourage, relève 4 ou 5 exemples précis.

1 La loi protège le citoyen, lui assure une justice équitable. Différentes juridictions civiles ou pénales, auxquelles les citoyens sont appelés à participer, jugent les litiges entre les personnes, les contraventions, crimes ou délits.

22 La loi :
le citoyen et la loi.

l'Homme de Village.
Tous les jours au milieu d'un Champ. *Travailler tant que l'année dure*
Par la Chaleur par la froidure. *Pour emplyer par son labeur*

2 Au Moyen Age, le paysan ne disposait d'aucun droit face au seigneur.

«D'hier à aujourd'hui»

Toute société humaine a des lois qui réglementent la vie des hommes qui la composent et fixent les rapports entre eux.

La société féodale accorda aux seigneurs chargés de la défense de la population des pouvoirs énormes sur les serfs, les vilains, les commerçants. Plus tard, le pouvoir royal, centralisateur, se substitua peu à peu à celui des seigneurs.

Après de longues luttes, les citoyens ont acquis, dans les pays démocratiques, le pouvoir de participer par le suffrage universel à l'élaboration des lois ou aux grandes décisions concernant la vie de leur pays.

La société évolue... la loi doit s'adapter aux nouveaux problèmes, aux nouveaux besoins...

Afin de participer à cette évolution, les citoyens doivent contribuer à la vie politique de leur pays en remplissant leurs droits et leurs devoirs de citoyens.

◼ Droits et devoirs du citoyen

LIBERTÉ

ÉGALITÉ

FRATERNITÉ

— d'expression, d'information,

— de religion,

— de réunion, d'association.

— devant la loi,

— devant la justice (gratuite, accessible à tous, indépendante).

— solidarité devant les problèmes de santé,

— droit au logement, au travail, à l'instruction,...

3 La loi donne au citoyen des droits.

Participer à la vie de son pays :

— en payant des impôts

— en faisant son service militaire

— en votant

Connaître la loi et la respecter :

« nul n'est censé ignorer la loi »

Participer à la justice de son pays en qualité de témoin ou de juré.

Les jurés sont tirés au sort parmi les électeurs de chaque commune.

4 La loi impose au citoyen des devoirs.

Lexique

Un litige est une contestation donnant lieu à arbitrage ou procès.

Etre en **contravention** c'est désobéir à la loi ou à un règlement. **Un délit** est une faute causant un dommage à autrui. **Un crime** est une violation grave de la loi.

Juridiction civile : ensemble des tribunaux qui jugent les conflits entre les particuliers. Elle n'inflige pas de peines mais peut fixer des dommages et intérêts pour indemniser les victimes.

Juridiction pénale : ensemble des tribunaux qui jugent les infractions, délits et crimes. Elle peut infliger des amendes, des peines d'emprisonnement.

Recherche - Action

● **Relève dans l'annuaire téléphonique l'adresse des différents tribunaux de ton département.**

● **Avec tes camarades, imagine le sénario d'un procès. Mettez le en scène en vous répartissant les différents rôles : juges, jurés, accusé (présumé innocent...), procureur de la République, avocats, témoins...**

● **Relève dans le règlement intérieur de ton école diverses sanctions qui peuvent être prononcées contre un élève qui n'en respecterait pas tel ou tel article.**

Dossier 3

Le budget : de la famille à la nation.

■ Le budget familial

L'alimentation est une part importante des *dépenses*

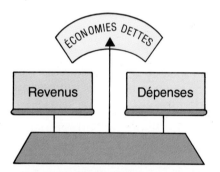

M. et Mme X... achètent une voiture neuve.

Pour la vie de leur famille, M. et Mme X... disposent de *revenus* mensuels : leurs salaires et les allocations qu'ils perçoivent pour leurs enfants.

Ils effectuent, au cours d'un mois, des dépenses indispensables : alimentation, habillement, transports, chauffage... et d'autres dépenses, pour leurs loisirs par exemple. Ce sont les dépenses ordinaires du ménage.

Ils doivent aussi, chaque mois, prélever une certaine somme sur leurs revenus pour rembourser des emprunts.

Si les dépenses du mois (dépenses ordinaires et remboursement des emprunts) sont inférieures aux revenus, le ménage fait des *économies*. Il épargne.

Si, au contraire, les dépenses sont supérieures aux revenus du mois, le ménage devra puiser dans ses économies pour équilibrer son budget et éviter d'avoir des *dettes*.

M. et Mme X... veulent changer de voiture.
Ils se sont fixé sur un modèle à 65 000 francs. C'est une dépense importante et exceptionnelle.

Avec le vendeur, ils ont établi un plan de financement :

Reprise R5	18 000
Apport liquide	16 000
Crédit	31 000
TOTAL	65 000

M. et Mme X... ne disposent pas d'une épargne (économies) suffisante pour réaliser cette acquisition. Ils sont obligés de faire un emprunt qu'ils rembourseront en 36 mois (981 francs chaque mois).

DÉPENSES EXCEPTIONNELLES
◇ Achat de biens
◇ Gros travaux maison

RESSOURCES EXCEPTIONNELLES
◇ Vente de biens   ◇ Emprunts

Prélèvement sur épargne et revenus ordinaires.

■ Le budget de la commune

Au début de chaque année, le conseil municipal vote le budget de la commune.

Il décide des dépenses qui seront effectuées au cours de l'année et des recettes nécessaires pour les payer.

Le budget communal comprend deux parties : la section de fonctionnement, qui correspond à la partie ordinaire du budget familial, et la section d'investissement qui correspond aux dépenses exceptionnelles.

Le personnel de la piscine est payé par la commune. Les salaires du personnel font partie de la section de fonctionnement du budget.

La commune construit une salle de sports qui fera partie des biens communaux. C'est un programme important qui est inscrit dans la section d'investissement.

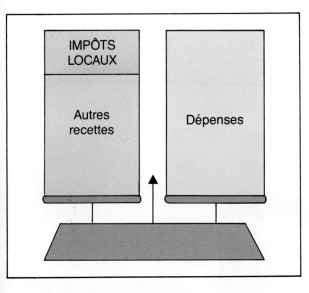

IMPÔTS LOCAUX

Autres recettes

Dépenses

Le budget communal doit être équilibré.
Pour compléter les recettes, le conseil municipal vote des impôts locaux.

Une partie de ces impôts alimente les recettes de la section d'investissement et permet, en particulier, de rembourser les emprunts contractés par la commune.

Les impôts directs communaux sont payés par :
— les personnes qui ont une habitation dans la commune (taxe d'habitation),
— les propriétaires de terrains et de maisons (impôts fonciers),
— les artisans, les industriels et les commerçants (taxe professionnelle).

LA SECTION D'INVESTISSEMENT

Recettes

Emprunts	Subventions et participations État-Département...	Vente de biens	Part d'impôts locaux

Dépenses

Remboursement des emprunts	Programmes d'investissement		
	Achat de biens	Constructions	Gros travaux...
	Terrain pour aire de jeux...	Marché couvert...	Toiture de l'église... Assainissement.

■ Départements et régions

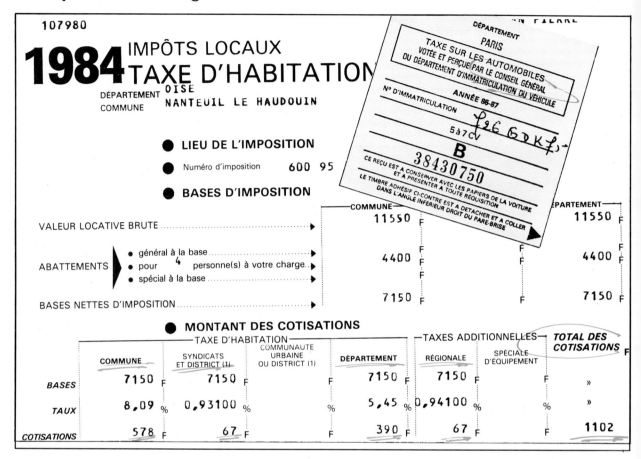

107980

1984 IMPÔTS LOCAUX TAXE D'HABITATION

DÉPARTEMENT OISE
COMMUNE NANTEUIL LE HAUDOUIN

● **LIEU DE L'IMPOSITION**

● Numéro d'imposition   600 95

● **BASES D'IMPOSITION**

	COMMUNE	DÉPARTEMENT
VALEUR LOCATIVE BRUTE	11550 F	11550 F
ABATTEMENTS ● général à la base ● pour 4 personne(s) à votre charge ● spécial à la base	4400 F	4400 F
BASES NETTES D'IMPOSITION	7150 F	7150 F

(Véhicule, reçu TAXE SUR LES AUTOMOBILES)
DÉPARTEMENT PARIS
TAXE SUR LES AUTOMOBILES VOTÉE ET PERÇUE PAR LE CONSEIL GÉNÉRAL DU DÉPARTEMENT D'IMMATRICULATION DU VÉHICULE
ANNÉE 86-87
N° D'IMMATRICULATION
5 à 7 CV
B
38430750
CE REÇU EST A CONSERVER AVEC LES PAPIERS DE LA VOITURE ET A PRESENTER A TOUTE REQUISITION
LE TIMBRE ADHÉSIF CI-CONTRE EST A DETACHER ET A COLLER DANS L'ANGLE INFERIEUR DROIT DU PARE-BRISE

● **MONTANT DES COTISATIONS**

		TAXE D'HABITATION			TAXES ADDITIONNELLES			TOTAL DES COTISATIONS F
	COMMUNE	SYNDICATS ET DISTRICT (1)	COMMUNAUTÉ URBAINE OU DISTRICT (1)	DÉPARTEMENT	RÉGIONALE	SPÉCIALE D'ÉQUIPEMENT		
BASES	7150 F	7150 F	F	7150 F	7150 F	F	»	
TAUX	8,09 %	0,93100 %	%	5,45 %	0,94100 %	%	»	
COTISATIONS	578 F	67 F	F	390 F	67 F	F		1102

Une partie des recettes des départements et des régions provient d'impôts et de taxes diverses votés par les conseils généraux et les conseils régionaux.

Le conseil régional participe à l'amélioration du réseau routier départemental qui, outre la sécurité, favorise le développement de la région.

Le département subventionne de nombreuses activités culturelles. Ainsi, les bibliobus permettent à de petites communes d'avoir, elles aussi, une bibliothèque.

La construction d'un lycée est assurée par la région. Les dépenses pour l'enseignement représentent une part importante du budget des régions et des départements.

■ Le budget de l'Etat

Le budget de l'Etat définit et décrit toutes les recettes et les dépenses de l'Etat pour une année civile. Il est contenu dans la loi de finances votée par le Parlement, chaque année, au cours du dernier trimestre de l'année qui précède celle du budget.

C'est le gouvernement qui, en conseil des ministres, établit le projet de loi de finances qui sera soumis aux assemblées.

Lors de la préparation, le gouvernement définit d'abord les orientations générales du budget en fonction de sa politique (évolution des dépenses et des recettes par rapport au budget précédent, par exemple).

Ensuite, les différents ministres présentent les besoins budgétaires de leur ministère en tenant compte de la politique adoptée.

Une partie de la loi de finances fait apparaître les dépenses par catégorie et les budgets des différents ministères.

RÉPARTITION DES DÉPENSES PAR CATÉGORIES DANS LE BUDGET DE 1986

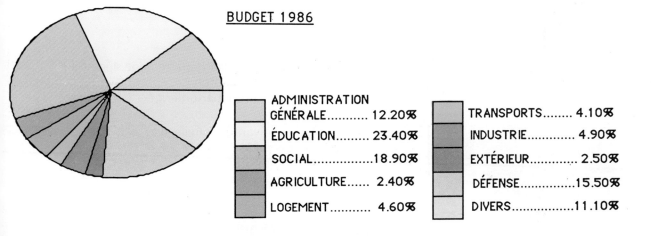

BUDGET 1986

ADMINISTRATION
GÉNÉRALE........... 12.20%
ÉDUCATION......... 23.40%
SOCIAL...............18.90%
AGRICULTURE...... 2.40%
LOGEMENT........... 4.60%

TRANSPORTS........ 4.10%
INDUSTRIE............. 4.90%
EXTÉRIEUR............. 2.50%
DÉFENSE...............15.50%
DIVERS................11.10%

Lors des débats sur la loi de finances de l'année, chaque ministre vient devant les assemblées présenter le budget de son ministère.

Le vote du budget et le contrôle de son exécution sont des moyens de contrôle de l'action du gouvernement par les assemblées.

Le ministre de la santé présente son budget.

Je serai...

Tu viens de découvrir les collectivités territoriales, la constitution française et l'importance des lois.

Ce jeu te permettra de tester certaines de tes connaissances et de savoir si tu es bien informé. Un futur citoyen doit avoir un certain nombre de connaissances.

Sur la page de gauche les questions ont leurs réponses dans les leçons CM₁ n° 15, 17, 19, 21 et dans le dossier n° 3. La page de droite s'adresse aux élèves du CM₂ (leçons n° 16, 18, 20 22 et dossier n° 3).

1. Où la population française habite-t-elle en majorité ?
— à la ville
— à la campagne

2. Le conseil municipal de ta commune compte 35 conseillers.
— VRAI OU FAUX

3. Le maire est-il élu au suffrage universel ? (par l'ensemble des citoyens de la commune)
— OUI OU NON

4. Où le conseil général de ton département siège-t-il ?
— au chef-lieu du canton ?
— au chef-lieu du département ?

5. Parmi les affaires suivantes, quelle est celle qui ne concerne pas le conseil général ?
— construction du collège « Mermoz »
— élargissement du CD 330
— ouverture de la C.E.E. à l'Espagne et au Portugal

6. Qui dispose en France du pouvoir législatif ?
— les maires
— les parlementaires

7. Où le conseil des ministres se réunit-il ?
— au palais Bourbon
— au palais du Luxembourg
— au palais de l'Elysée

8. Quels sont, parmi ces droits, ceux du citoyen ?
— droit de s'informer
— droit de voter
— droit de faire des lois

9. Les nouveaux textes de lois sont publiés
— dans tous les journaux nationaux
— au Journal officiel de la République française

10. Seul l'Etat perçoit des impôts. Les départements et les régions ne perçoivent pas d'impôts.
— VRAI OU FAUX

96

... un électeur informé

1. Par qui les communes regroupées dans un S.I.V.O.M. sont-elles représentées ?
— les conseillers municipaux
— des délégués

2. Une communauté urbaine n'existe que si elle regroupe plus de 3 000 000 d'habitants
- VRAI OU FAUX

3. Combien de régions la France compte-t-elle à travers le monde ?
— 18 — 26 — 54

4. Les conseillers généraux sont-ils :
— élus au suffrage universel direct ?
— nommés par le gouvernement ?

5. Depuis la loi de décentralisation, de quels établissements d'enseignement la région est-elle responsable ?
— des écoles
— des collèges
— des lycées

6. Quel est le chef des armées ?
— le Premier ministre
— le président de la République

7. Qui détient le pouvoir législatif ?
— le gouvernement
— le président de la République
— le Parlement

8. Comment les jurés sont-ils choisis ?
— par tirage au sort, sur les listes électorales
— après un examen sur leurs connaissances des lois

9. Une commune a-t-elle le droit de voter un budget en déficit ?
— OUI OU NON

10. Une commune peut-elle emprunter pour financer la construction d'une piscine ou d'une école ?
— OUI OU NON

Suggestion :

Recherche des documents sur le budget de ta commune.
Dans les grandes villes, il est souvent présenté dans le bulletin municipal.
Une petite équipe peut le recopier sur le registre des délibérations dans les petites communes.
Essaie de classer, dans l'ordre décroissant, les différentes dépenses de la commune et d'en comprendre les raisons.

1 Ces militaires sont responsables de notre défense comme tous les hommes et femmes qui travaillent dans des emplois très différents, pour « les services de la défense nationale ».

23 Guerre et paix :
la défense nationale.

2 Les armées révolutionnaires en 1793.

«D'hier à aujourd'hui»

De tous temps, en tous lieux, les hommes appartenant à une même communauté, à un même pays, ont éprouvé le besoin de s'organiser pour se défendre.

Ce droit de défense, reconnu à chaque pays, est assuré sur le plan militaire par son armée.

Au Moyen Age, les seigneurs rassemblaient leurs chevaliers et les hommes d'armes, le temps de la guerre. Les armées royales étaient composées de soldats de métier commandés par des nobles. En 1792 et 1793, la défense de « la patrie en danger » fut assurée par des milliers de volontaires. En 1870, la IIIe République institua le service militaire obligatoire pour les hommes. Depuis cette date, l'armée existe même en temps de paix.

Elle est responsable de la défense militaire du pays. La défense du pays est destinée à le mettre à l'abri des menaces militaires mais aussi de toutes les autres menaces qui pèsent sur sa population : espionnage, terrorisme, etc.

LES 3 MISSIONS DES FORCES ARMÉES

● Défendre le territoire national et préserver la liberté de la nation.

● Assurer la sécurité des pays avec lesquels la France a signé des traités d'alliance.

● Entreprendre les actions nécessaires pour
— protéger les Français établis à l'étranger,
— participer à des actions internationales destinées à maintenir la paix.

La défense de la France repose d'abord sur une force nucléaire indépendante. Seul, le président de la République peut l'engager.

4 L'incorporation du jeune appelé.

LA DÉFENSE NATIONALE

Les armées emploient environ, en temps de paix, 700 000 personnes :
— 310 000 militaires d'active : ce sont des soldats de métier,
— 250 000 appelés,
— 140 000 civils employés dans les services et les entreprises du ministère de la défense.

En temps de guerre, les personnes ayant accompli leur service militaire peuvent être mobilisées pour faire face aux différentes menaces.

Lexique

Un jeune homme accomplissant son service militaire est un **appelé** du contingent.

La conscription est l'inscription des jeunes gens pour le service militaire.

Un militaire qui a contracté un engagement volontaire est un **engagé**.

RECENSEMENT

LE SERVICE NATIONAL ET VOUS

TOUT CE QU'IL FAUT SAVOIR DU RECENSEMENT

J'ai eu 17 ans en janvier, février ou mars 87 je me fais recenser en avril 87

à la mairie de mon domicile, muni :
● du livret de famille ou d'une fiche d'état civil.
● de la carte nationale d'identité ou d'un passeport.

3 Que t'apprend cette affiche ?

LE SERVICE NATIONAL EN 1987

● Le service national concerne les garçons âgés de 18 à 29 ans et les jeunes filles volontaires.
Il peut être effectué comme officier, sous-officier ou soldat dans des fonctions très variées.

● En 1987, le jeune appelé reconnu « apte au service militaire », servira **12 mois** dans un des quatre corps d'armée : armée de terre — marine — armée de l'air — gendarmerie ; **16 mois** s'il choisit la coopération pour aider au développement de pays liés à la France ; **24 mois** s'il choisit le service civil en participant à des tâches d'intérêt général.

Recherche - Action

● **Les affiches du recensement**
— **où peut-on les trouver ?**
— **qui est concerné ?**
— **que faut-il faire ?**

● **Les femmes ont-elles le droit de faire le service militaire ?**

● **Quels sont les quatre corps d'armée ?**

● **Quelles sont les différentes formes de service national ? Quelle est leur durée ?**

1 En 1520, l'entrevue du « Camp du Drap d'Or », entre Henri VIII d'Angleterre et François 1er, fut une rencontre diplomatique célèbre. Les deux rois ne purent conclure une alliance.

24 Guerre et paix :
alliances et diplomatie.

2 Le drapeau blanc est le symbole universel de l'arrêt des hostilités.

« D'hier à aujourd'hui »

La diplomatie est née le jour où un peuple rechercha des contacts avec ses voisins pour discuter des moyens d'éviter une guerre, pour préserver la paix.

Des envoyés royaux (ambassadeurs) allaient dans divers pays.

Ils ont souvent permis de trouver, par la négociation, des points d'accord et de créer ainsi les conditions d'une paix, d'une alliance plus ou moins durable entre nations.

Les discussions ont favorisé les échanges économiques, culturels. Dès le XVIe siècle des ambassades permanentes furent crées.

Au XVIIe siècle, la France n'était représentée que dans 11 pays d'Europe. Aujourd'hui 150 ambassadeurs, aidés par plus de 200 consuls, représentent notre pays dans le monde.

3 Les chefs d'Etat, les premiers ministres, les différents ministres et les diplomates se rencontrent régulièrement pour entretenir de bonnes relations et essayer d'éviter le plus possible toute source de conflit, de guerre.
Les Etats peuvent passer entre eux des traités.

4 Notre connaissance des pays étrangers provient des multiples échanges que nous entretenons avec eux dans des domaines comme l'art, les sciences, le sport, la mode...

Ces échanges permettent aux peuples de mieux se connaître et s'apprécier. Ils sont un des moyens de préserver la paix dans le monde.

Lexique

La diplomatie est le moyen par lequel les Etats conduisent leurs relations extérieures.

Elle est universelle (140 pays ont des postes diplomatiques et consulaires).

Elle concerne les domaines les plus divers : culture — éducation — santé — agriculture — industrie — sport.

Un ambassadeur est le représentant d'un Etat auprès d'une puissance étrangère.

Un consul est un agent qui a pour mission de protéger ses compatriotes à l'étranger et de donner à son gouvernement des informations politiques et commerciales.

Recherche - Action

● **Dans quelle ville de France sont installées les ambassades ?**

Qui y travaille ? Pourquoi avoir choisi cette ville ?

● **Si un pays étranger t'attire, tu peux obtenir des renseignements en écrivant à l'ambassade ou à un consulat de ce pays. Comment pourrais-tu rédiger ta lettre ?**

● **Cherche un symbole de la paix.**

● **Où se trouve le ministère des affaires étrangères à Paris ?**

1 Une réalisation européenne : la Grande-Bretagne, l'Allemagne, la France construisent l'Airbus qui assure une présence européenne dans le monde aéronautique.

25 L'Europe :
une communauté économique : la C.E.E.

De Gaulle et Adenauer, les adversaires d'hier, s'entendent pour créer l'unité européenne.

2

«D'hier à aujourd'hui»

En 1945, après la Seconde Guerre mondiale, le chaos, la ruine et la misère règnent sur l'Europe. La guerre a fait environ 38 millions de morts militaires et civils dans le monde entier. Les pertes matérielles sont considérables : beaucoup de routes, d'usines, de maisons sont détruites, les terres agricoles dévastées.

L'Europe qui, jusqu'alors, était considérée comme le berceau des grandes idées et des techniques avait perdu de son prestige aux yeux du monde.

Des hommes comme Robert Schuman en France, Conrad Adenauer en Allemagne, veulent rassembler les nations européennes dans un effort commun.

En 1957, le traité de Rome crée « la Communauté Economique Européenne » (C.E.E.) et marque le début de la construction de l'Europe.

En 1992 la libre circulation des biens et des personnes sera possible entre tous les pays européens adhérents à la Communauté.

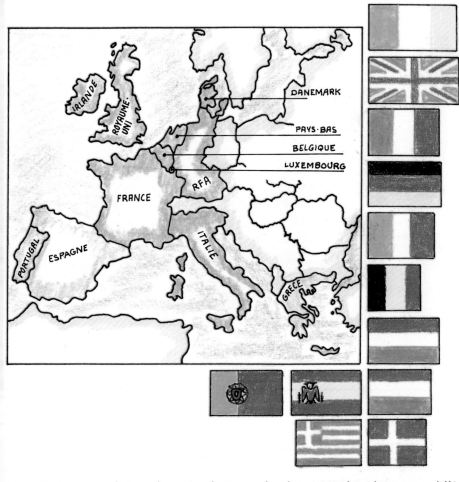

Superficie
(en milliers de km²)

Allemagne	248,7
Belgique	30,5
Danemark	43
Espagne	505
France	551,6
Grande-Bretagne	244,1
Grèce	131
Irlande	70,3
Italie	301,3
Luxembourg	2,6
Pays-Bas	41,5
Portugal	92

Population
(en millions d'habitants)

Allemagne	61,2
Belgique	9,9
Danemark	5,1
Espagne	38,2
France	54,9
Grande-Bretagne	56,4
Grèce	9,9
Irlande	3,5
Italie	57
Luxembourg	3,7
Pays-Bas	14,4
Portugal	10,1

Malgré des superficies, des populations, des langues, des drapeaux différents, les pays de la C.E.E. cherchent leur unité économique, culturelle et sociale.

3 Recherche les correspondances entre pays et drapeaux.
Compare les superficies des Etats de la C.E.E. et classe-les en ordre décroissant.
Fais la même chose avec la population.

Lexique

La C.E.E. : communauté économique européenne ; on parle aussi de marché commun. C'est l'union volontaire de pays européens (12 en 1987). Les accords entre les pays membres portent sur l'agriculture, le commerce, l'énergie, les transports mais aussi sur la recherche d'une politique commune de l'environnement, de la culture...

Traité de Rome : crée la C.E.E. Son objectif est l'abolition progressive des barrières douanières entre Etats et la création d'un marché européen unique.

Recherche - Action

● **Recherche :**

— **les capitales et les langues parlées dans les différents Etats membres de la C.E.E.**

— **le nom et la valeur des monnaies européennes exprimées en francs français. (Tu peux trouver ces renseignements dans un journal).**

● **Cite des pays européens qui n'appartiennent pas à la C.E.E.**

1 Les jumelages entre villes européennes permettent aux habitants des villes jumelées de mieux se connaître, favorisent la solidarité, les échanges culturels entre les élus, les associations, les familles. Ils préparent l'Europe de demain.

26 L'Europe :
une communauté vivante.

■ Les institutions européennes

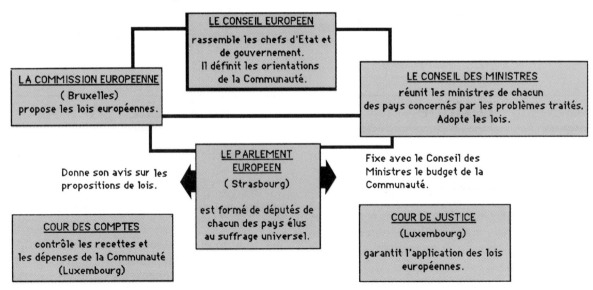

LE CONSEIL EUROPEEN

rassemble les chefs d'Etat et de gouvernement.
Il définit les orientations de la Communauté.

LA COMMISSION EUROPEENNE
(Bruxelles)
propose les lois européennes.

LE CONSEIL DES MINISTRES
réunit les ministres de chacun des pays concernés par les problèmes traités.
Adopte les lois.

Donne son avis sur les propositions de lois.

LE PARLEMENT EUROPEEN
(Strasbourg)
est formé de députés de chacun des pays élus au suffrage universel.

Fixe avec le Conseil des Ministres le budget de la Communauté.

COUR DES COMPTES
contrôle les recettes et les dépenses de la Communauté (Luxembourg)

COUR DE JUSTICE
(Luxembourg)
garantit l'application des lois européennes.

L'Europe est une construction de tous les jours mais elle est nécessaire si on veut éviter les conflits entre Etats. Chaque électeur européen peut donner son avis quand il élit les députés au Parlement européen (tous les cinq ans).

Quelques actions européennes

2 Développement des échanges linguistiques.

Un raid en patins à roulettes a conduit ces jeunes Français de Saint-Jean-de-la-Ruelle (Loiret) à Amposta, leur ville jumelée, en Espagne.

Dans les familles de leurs correspondants, ils vivront comme des jeunes Espagnols et parleront espagnol. Cette langue sera « vivante » pour eux.

3 Recherche d'une réglementation commune pour préserver l'environnement.

Pour lutter contre les pluies acides qui ravagent les forêts, dues en partie aux gaz d'échappement des voitures, le conseil européen a fixé des objectifs aux constructeurs d'automobiles : en 1994, toutes les voitures européennes seront des « voitures propres » roulant à l'essence sans plomb.

4 Aide aux pays les moins favorisés.

Les pays européens ont signé des accords de développement avec des pays du Tiers-Monde.

5 Organisation de la libre circulation des personnes.

Le passeport européen symbolise notre appartenance à l'Europe.

Tout Européen peut vivre dans un autre pays de la Communauté et y exercer sa profession.

Lexique

Un jumelage est l'association de deux villes de pays différents pour susciter des échanges culturels.

En France plus de 2 000 collectivités sont jumelées avec des collectivités européennes.

Les institutions sont l'ensemble des organismes et des règles qui organisent la vie politique et sociale d'un pays ou d'un groupe de pays.

Recherche - Action

● **Ta ville est-elle jumelée à une autre ?**
Si oui, de quel pays ?
Renseigne-toi sur les échanges entre villes.

● **Toutes les semaines on lit dans les journaux des décisions prises par la C.E.E.**
Relève quelques articles. De quoi parlent-ils ?

1 L'Organisation des Nations-Unies siège à New York.
Elle regroupe la plupart des pays du monde.
Seule une vingtaine d'Etats seulement n'en fait pas partie.

27 Les relations internationales :
l'Organisation des Nations-Unies (O.N.U.)

2 L'explosion de la bombe atomique d'Hiroshima : dessin d'un jeune Japonais.

« D'hier à aujourd'hui »

Après la Première Guerre mondiale, en 1919, la Société des Nations (S.D.N.) a pour but d'empêcher les conflits futurs et d'imposer progressivement le désarmement des Etats.

Mais la crise économique s'aggrave, le réarmement général commence, la S.D.N. se montre incapable de protéger les petites nations contre les agresseurs. La Seconde Guerre mondiale éclate.

En 1945, une nouvelle organisation internationale dite des « nations unies » — l'O.N.U. — est créée. La plupart des Etats du monde sont devenus membres de l'O.N.U. Ils signent la « Déclaration universelle des Droits de l'Homme » en 1948.

L'O.N.U. recherche le maintien de la paix et développe l'action de ses institutions spécialisées pour essayer de supprimer les causes réelles de conflits dans le monde.

■ L'O.N.U.

fonctionne de la manière suivante :

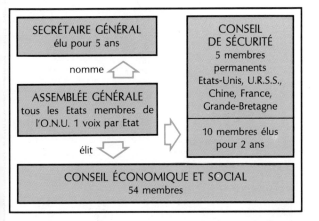

essaie de préserver la paix dans le monde.

L'O.N.U. envoie son armée — les casques bleus — quand la paix est menacée ou pour empêcher qu'un conflit ne s'étende.

Les casques bleus sont les soldats de la paix.

suscite des actions concrètes de lutte contre les inégalités.

LES ORGANISATIONS SPÉCIALISÉES DE L'O.N.U.

U.N.E.S.C.O. : Organisation des Nations Unies pour l'Education, la Science et la Culture
　　　　　siège : Paris

U.N.I.C.E.F. : Fonds des Nations Unies pour l'Enfance
　　　　　siège : New York

O.M.S. : Organisation Mondiale de la Santé
　　　　Siège : Genève

O.I.T. : Organisation Internationale du Travail
　　　siège : Genève

F.A.O. : Organisation des Nations Unies pour l'Alimentation et l'Agriculture
　　　siège : Rome

est une tribune mondiale de discussion.

Pour que chaque représentant à l'O.N.U. puisse communiquer, émettre des propositions, des plaintes, connaître l'avis de ses partenaires, un système de traduction simultanée permet à chacun de comprendre le discours de l'orateur : il a le choix entre l'anglais, l'arabe, le chinois, l'espagnol, le français et le russe.

veille au respect des Droits de l'Homme.

L'O.N.U. aide des associations humanitaires comme « Médecins sans frontières ».

« Médecins sans frontières » envoie, sous sa responsabilité, médecins et infirmières en mission dans des opérations d'urgence (par exemple, en 1985 en Afghanistan, au Tchad, au Nicaragua...) ou dans des camps de réfugiés (Thaïlande, Soudan, Ethiopie, Cameroun, Salvador...).

Lexique

5 pays sont **membres permanents** du Conseil de sécurité de l'O.N.U. qui en compte 15 : ils ne sont pas élus comme les 10 autres. Ils sont membres de droit.

Exercices

- **Que signifient les sigles S.D.N. et O.N.U. ?**

- **En quelle année a été créée l'O.N.U. ? Que s'était-il passé avant sa création ?**

- **Cite quelques champs d'action de l'O.N.U..**

- **Quelles sont les langues utilisées à l'O.N.U. ?**

★ Textile composition on the theme "A healthier world — healthier children" by Skutskärs Husmodersförening, Uppsala (Sweden), to benefit the United Nations Children's Fund (UNICEF). ★ Etoffe brodée, sur le thème "Un monde meilleur - des enfants bien portants", par Skutskärs Husmodersförening, Uppsala (Suède). Composition offerte au Fonds des Nations Unies pour l'enfance (UNICEF). ★ Diseño en tela sobre el tema "Un mundo más sano — una niñez más sana", por Skutskärs Husmodersförening, Uppsala (Suecia). Contribución al Fondo de las Naciones Unidas para la Infancia (UNICEF). ★ Тканевая композиция на тему «Здоровый мир — здоровые дети» • Скутскарс Хусмодерсференинг, Упсала (Швеция). Работа передана Детскому фонду Организации Объединенных Наций (ЮНИСЕФ) в благотворительных целях. ★ 织品构图: "健康的世界— 健康的儿童"之一。 瑞典，乌普萨拉，许茨卡尔斯家庭妇女协会作。 图案赠给联合国儿童基金会。 ★ Wandteppich zum Thema "gesunde Umwelt - gesunde Kinder" der Skutskärs Husmodersförening (Hausfrauen-Vereinigung), Uppsala (Schweden), zugunsten von UNICEF, Kinderhilfswerk der Vereinten Nationen.

1 La vente de cartes de vœux, de calendriers rapporte à l'U.N.I.C..E.F., organisme spécialisé de l'O.N.U., le quart de son budget de fonctionnement.

28 Les relations internationales :
un exemple, l'U.N.I.C.E.F.

2 Aide alimentaire à douze pays d'Europe, de 1947 à 1950.

« D'hier à aujourd'hui »

En 1946, l'O.N.U. a créé une organisation destinée à aider, en Europe, les enfants des victimes de la Seconde Guerre mondiale. Dès 1948, l'U.N.I.C.E.F. collabore avec la Croix-Rouge pour lutter contre la tuberculose.

Puis la mission en Europe n'étant plus prioritaire, l'U.N.I.C.E.F. se tourne vers les pays défavorisés où les enfants meurent de faim, de maladie. Il lance des campagnes de lutte contre le paludisme, avec l'aide de l'O.M.S., approvisionne en eau potable des régions africaines dévastées par la sécheresse...

En 1965, l'U.N.I.C.E.F. obtient le prix Nobel de la paix. Aujourd'hui, l'U.N.I.C.E.F. essaie de développer des actions qui visent à rendre les pays en voie de développement autonomes, en leur donnant les moyens de résoudre eux-mêmes leurs problèmes.

■ Les principales actions de l'U.N.I.C.E.F.

METTRE EN ŒUVRE SEPT MESURES POUR SAUVER LA VIE

1. Surveillance de la croissance	5. Contrôle des naissances
2. Soins des maladies dues au manque d'eau	6. Education des femmes
3. Allaitement maternel	7. Nourriture en qualité et quantité suffisantes
4. Vaccination pour tous	

Au mois d'octobre dernier [1], la terre a tremblé au Salvador. Au lendemain de cette catastrophe, l'U.N.I.C.E.F. a répondu à l'appel du Premier ministre en concentrant ses efforts sur les zones les plus touchées de la capitale, à savoir le centre et le sud de San Salvador. Conjointement avec d'autres agences internationales, des équipes d'aide bilatérale et des organisations non gouvernementales, il a fourni une aide dans les domaines de la santé de base, la purification de l'eau, la vaccination et l'approvisionnement en sels de réhydratation orale. Des camions entiers de couvertures, de sels et autres fournitures médicales ont été acheminés du Guatemala voisin. Des tablettes pour la purification de l'eau ont été expédiées par avion (...).

1. 1986. *Les enfants du monde*, U.N.I.C.E.F., 4° Tr. 86.

DONNER DE L'EAU A TOUS

Ce sont, le plus souvent, les femmes et les enfants qui doivent assurer la « corvée de l'eau ». C'est pourquoi, toute amélioration de l'approvisionnement en eau et de l'assainissement, allège considérablement leur travail quotidien.

Lexique

L'assainissement est l'action de rendre sain, de désinfecter ce qui est sale.

L'irrigation est une technique qui consiste, dans les régions sèches, à amener de l'eau par différentes techniques.

O.M.S. : organisation mondiale de la santé. Elle dépend de l'O.N.U.

U.N.I.C.E.F. : (United Nations International Children's Emergency Fund) — organisation au service des enfants dans le monde.

Prix Nobel de la paix : récompense accordée tous les ans par un jury norvégien à une personne ou une institution ayant œuvré pour la paix.

Recherche - Action

● **Qu'est-ce qu'une eau saine ? Une eau potable. Où peux-tu t'en procurer ? Dans les pays en voie de développement, deux enfants sur trois, de moins de cinq ans, vivent sans cette eau. Qu'est-ce que l'U.N.I.C.E.F. essaie de faire pour y remédier ?**

● **Pourquoi dans les pays où l'eau potable est rare, l'allaitement au sein est-il préférable à l'allaitement au biberon ?**

● **Il existe d'autres associations que l'U.N.I.C.E.F. qui essaient d'atteindre les mêmes buts. En t'aidant des informations que tu peux trouver dans des revues ou sur des affiches, nommes-en quelques unes.**

De nombreux manifestants contre le racisme en France, ont exprimé l'attachement et le respect de la population envers les étrangers et les immigrés. Un de leurs slogans est devenu célèbre : « touche pas à mon pote ».

1

29 Citoyens du monde :
vivre ensemble.

La France a depuis longtemps ouvert ses portes aux étrangers : des Serbes chassés de leur pays furent accueillis en France en 1915.

2

« D'hier à aujourd'hui »

Les migrations des hommes remontent aux premiers âges de l'humanité. Pour survivre, les hommes se déplacent vers les endroits où ils trouvent à se nourrir.

Au XVe siècle, les Européens découvrent l'Amérique et font venir plus de 10 millions d'esclaves africains pour exploiter les richesses du Nouveau Monde.

50 millions d'Européens se sont établis hors de leur continent entre 1800 et 1835.

L'Europe a accueilli depuis une trentaine d'années des femmes et des hommes venus de pays pauvres et qui cherchaient de meilleures conditions de vie. La France a reçu une partie de cette main-d'œuvre courageuse et peu exigeante, car la population de notre pays n'était pas suffisante pour répondre aux besoins d'une forte croissance.

Les étrangers sont venus à notre demande. En nous apprenant d'autres façons de vivre, ils ont enrichi notre culture.

Qui sont les immigrés ?

La population d'origine étrangère en France est de plus de 4 millions de personnes, de 123 nationalités différentes. Les plus représentées sont :

Algériens	796 000	Tunisiens	189 000
Portugais	765 000	Pays	
Marocains	431 000	d'Afrique noire	138 000
Espagnols	421 000	Turcs	124 000
Italiens	334 000		

Que font les immigrés ?

Près de 2 millions de travailleurs étrangers représentent, à l'heure actuelle, 9 % de la population active française.

Ils occupent des emplois peu qualifiés, mais leur qualification s'améliore. Ils contribuent au développement de l'économie française.

	1971	1979
Ouvriers	93,6 %	85,8 %
Employés	3,6 %	9,2 %
Techniciens	1,7 %	2,6 %
Cadres	1,1 %	2,1 %

Une classe de la région parisienne où tous vivent ensemble.

Une tâche à laquelle tous les travailleurs s'associent.

 3 Les étrangers en France.

Lexique

L'immigration est l'entrée dans un pays de personnes qui viennent s'y établir, y trouver un emploi.

La migration est le déplacement de populations qui passent d'un pays dans un autre.

Le racisme désigne l'attitude des gens qui n'aiment pas ceux qui ne sont pas de leur race.

La culture est l'ensemble des activités telles que la littérature, l'art, etc., qui caractérise une société.

Recherche - Action

● **Repère sur un planisphère les pays cités dans ce chapitre.**

● **Recherche, parmi les produits et les plats alimentaires, ceux que les immigrés nous ont fait découvrir.**

● **Collectionne, à travers les revues, les publicités pour les pays étrangers qui sont représentés en France.**

Note les coutumes, les traditions de ces pays. En retrouves-tu des traces autour de toi ?

Chaque jour, nous voyons sur les murs, les journaux, à la télévision, des images de la faim dans le monde.

Pourtant si l'aide alimentaire des pays riches est nécessaire, les pays du Tiers-Monde n'attendent pas passivement : on voit ici des Nigériens s'initier à des méthodes modernes d'agriculture.

1 Richesse et pauvreté : 80 % de la population mondiale ne consomme que 20 % des ressources de la terre : c'est le Tiers-Monde.

30 Citoyens du monde :
solidarité humaine et économique (le Tiers-Monde).

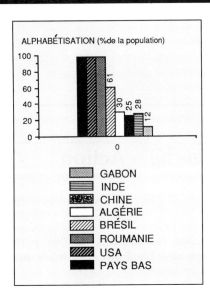

Ce graphique illustre les différences entre nations riches et nations pauvres en ce qui concerne l'alphabétisation.

«D'hier à aujourd'hui»

Des techniques, des produits nouveaux ont transformé le mode de vie de certaines populations du globe. Mais en même temps ce développement économique a créé de graves inégalités.

L'écart se creuse entre pays riches et pays pauvres.

En 1800, le revenu par habitant dans un pays riche était le double du revenu par habitant dans un pays pauvre.

En 1845, il est 20 fois supérieur. En 1965, il est 40 fois supérieur.

Les pays en voie de développement sont principalement situés en Asie, en Afrique et en Amérique latine.

Aujourd'hui le Tiers-Monde c'est 2,5 milliards de paysans pour 1 milliard de citadins. Or l'agriculture du Tiers-Monde ne parvient pas à nourrir sa population : 400 millions de personnes sont sous-alimentées.

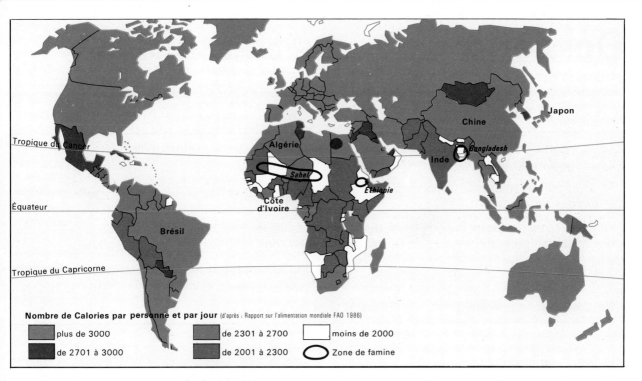

Nombre de Calories par personne et par jour (d'après : Rapport sur l'alimentation mondiale FAO 1986)

plus de 3000   de 2301 à 2700   moins de 2000

de 2701 à 3000   de 2001 à 2300   Zone de famine

La ration alimentaire normale d'un adulte pesant 65 kg correspond à 2 500 calories par jour. Mais, dans le Tiers-Monde, elle équivaut souvent à moins de 1 000 calories par jour.

Il n'y a pas de solution unique pour le Tiers-Monde ; il est important de développer d'abord l'agriculture pour que le Tiers-Monde se nourrisse de ses produits.

L'alphabétisation et l'instruction des populations permettront des progrès dans l'industrie et les techniques adaptées aux besoins de chacun.

Quoi qu'il en soit, l'aide des pays riches reste indispensable pour réaliser ces projets et diminuer les souffrances et les inégalités de notre planète.

 2   **Les rations alimentaires dans le monde.**

Lexique

L'alphabétisation est l'enseignement, à une population, de la lecture et de l'écriture.

Calorie : on détermine en calories, la valeur énergétique des aliments.

Matières premières : productions naturelles qui n'ont pas encore été travaillées, comme les minerais, le coton...

Revenu par habitant : total de toutes les sommes perçues par une personne (salaires, allocations, bénéfices...).

Recherche - Action

● **Situe les continents asiatique, africain et l'Amérique latine sur le planisphère.**

● **Recherche quelques pays dont les noms figurent dans ce chapitre.**

● **Recherche des produits que nous importons du Tiers-Monde (s'agit-il de produits finis industriels, ou au contraire de matières premières ?).**

● **Recherche des produits que nous envoyons dans le Tiers-Monde.**
Que penses-tu de ces échanges ?

● **As-tu déjà entendu parler d'actions, de campagnes, pour aider les pays du Tiers-Monde ?**
En quoi consistaient-elles ? Quels étaient les pays concernés ?

Dossier 4

Les Droits de l'Homme

Tu as découvert à travers ce livre les lieux, les moments où ta responsabilité personnelle peut s'exercer dans le cadre de ta vie d'enfant.

Tu as appris les rôles que tu pourras jouer dans la société en exerçant ton droit de vote, tes droits et devoirs de citoyen.

Tu as pris conscience de la complexité des règles de la vie démocratique nationale, de la complexité des relations internationales et de la solidarité qui lie tous les habitants de notre planète.

Il te reste à comprendre que les libertés dont tu disposes et qui te semblent naturelles sont dues à l'action d'hommes et de femmes soucieux de défendre la dignité et les droits de chaque personne.

Ce dossier consacré aux Droits de l'Homme veut t'y aider.

■ De l'esclavagisme à la prise de la Bastille...

Ces hommes sont des esclaves : ils n'ont aucun droit. Ils dépendent de la puissance absolue de leurs maîtres. Dans l'antiquité, les prisonniers de guerre sont longtemps considérés comme des esclaves.

Au XVIIIᵉ siècle, les Noirs d'Afrique sont vendus comme esclaves en Amérique ; la traite des Noirs est un commerce florissant.

Les serfs, au Moyen Age, sont totalement soumis à un seigneur : ils ne peuvent se déplacer, se marier, ni posséder de biens sans son autorisation.

Ils prennent peu à peu conscience de l'injustice de leur situation. Leurs révoltes (les jacqueries) sont nombreuses et de plus en plus fréquentes.

La Bastille est, à Paris, une prison où le roi enferme qui il veut, sans jugement.

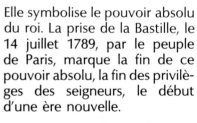

Elle symbolise le pouvoir absolu du roi. La prise de la Bastille, le 14 juillet 1789, par le peuple de Paris, marque la fin de ce pouvoir absolu, la fin des privilèges des seigneurs, le début d'une ère nouvelle.

Elle est devenue le symbole de la Révolution française.

■ La Déclaration des Droits de l'Homme et du Citoyen

Quand le roi Louis XVI préside en mai 1789 les Etats généraux, pour obtenir de nouveaux impôts, il est encore un monarque absolu. Il est soutenu par un très grand nombre de députés de la noblesse et du clergé qui ont des avantages, des privilèges particuliers : ils ne paient pas d'impôts et les emplois importants leur sont réservés.

Les députés du tiers état qui représentent 9 Français sur 10 veulent de profonds changements. Ils sont sensibles aux revendications du peuple à travers les cahiers de doléance, aux idées nouvelles des écrivains-philosophes du XVIIIe siècle : Voltaire, Rousseau, Diderot, Montesquieu.

En quelques semaines, tout va changer. Les Etats généraux se transforment en Assemblée Nationale et décident, le 20 juin 1789, de créer une nouvelle forme de gouvernement.

Le 14 juillet 1789, le peuple parisien prend la Bastille.

Le 4 août 1789, l'Assemblée nationale décide de supprimer les privilèges et publient « La Déclaration des Droits de l'Homme et du Citoyen ».

Cette déclaration, dont la France peut être fière, proclame les droits « naturels, inaliénables et sacrés » de l'homme. Elle décrit les devoirs et les droits de chacun. Elle vise le bonheur de tous (pour les hommes), la clarté et la solidité des institutions (pour le citoyen).

Elle proclame les principes de liberté, d'égalité et de propriété qui sont à la base de toute société démocratique.

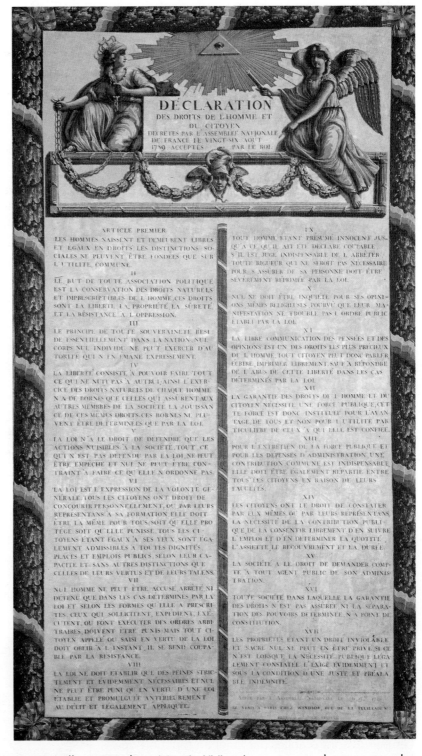

Le 14 juillet 1790, le roi Louis XVI prête serment de respecter les nouvelles institutions de la France devant les délégués de toutes les provinces françaises réunis au Champ-de-Mars à Paris. Cette cérémonie, dite « Fête de la Fédération » marque l'attachement des Français aux réformes accomplies et aux idées de la Déclaration des Droits de l'Homme et du Citoyen.

■ Les droits essentiels de la Déclaration de 1789

La Déclaration des Droits de l'Homme et du Citoyen de 1789 affirme un certain nombre de droits fondamentaux de l'individu, droits qui n'étaient pas respectés à l'époque. Parmi eux, le droit à la liberté de conscience, à la liberté d'expression et à une justice égale pour tous.

Le Chevalier de La Barre, en 1766, est arrêté et condamné à mort pour n'avoir pas salué, comme le veut la coutume de l'époque, une procession religieuse. Il affirme ainsi sa *liberté de conscience,* le droit d'afficher son opinion.

La Déclaration de 1789 proclame cette *liberté de conscience.*

« Nul ne peut être inquiété pour ses opinions, pourvu que leur manifestation ne trouble pas l'ordre public établi par la loi » (article X).

Penser librement est bien, pouvoir le dire, est mieux encore.

Cet homme, sur son tonneau, use du droit à la *liberté d'expression :* il harangue la foule.

Ce droit est garanti par la déclaration de 1789.

« La libre communication des pensées et des opinions est un des droits les plus précieux de l'homme ; tout citoyen peut donc parler, écrire, imprimer librement » (article XI).

Les articles VII et IX fondent la *justice* moderne.

Nul ne peut être accusé que dans des cas et des formes fixés par la loi.

Les peines sont établies par la loi en fonction de la faute.

« Tout homme est présumé innocent jusqu'à ce qu'il ait été déclaré coupable ».

La violence inutile est interdite aux forces de l'ordre.

■ Les idées de 1789 à la conquête du monde

Les idées de la Déclaration des Droits de l'Homme et du Citoyen voyageront rapidement en Europe malgré l'opposition des souverains qui craignent que leurs peuples ne réclament les mêmes droits que le peuple français.

Peu à peu, elles gagneront le monde et serviront de base à de nombreux pays pour la rédaction de leur constitution.

Elles seront reprises et complétées dans la Déclaration universelle des Droits de l'Homme de 1948.

L'égalité des hommes inscrite dans la Déclaration de 1789 n'était pas reconnue aux esclaves.

En 1794, l'abolition de l'esclavage est votée mais bientôt celui-ci est rétabli tandis que continue le commerce des esclaves noirs capturés en Afrique et revendus en Amérique.

Ce n'est qu'en *1848*, grâce à l'action de Victor Schœlcher, que *l'esclavage fut définitivement aboli.*

Ces soldats sont des volontaires qui se sont engagés pour défendre *« la patrie en danger »*.

Le 20 septembre 1792, ils arrêtèrent à Valmy, au cri de « Vive la Nation », l'armée prussienne qui voulait rétablir la monarchie absolue en France.

De 1792 à 1815, ces soldats parcourent l'Europe avec les armées républicaines et napoléoniennes et répandent les idées de la Révolution française.

Les idées de la Révolution de 1789 et de la 1re République française, proclamée le 21 septembre 1792, servent de base à de nombreux penseurs et hommes politiques étrangers, soucieux de modifier de manière démocratique le mode de gouvernement de leurs pays.

Elles inspirent de nombreuses luttes populaires.

La Marseillaise devient un chant révolutionnaire symbolisant la volonté d'obtenir plus de liberté, d'égalité, de fraternité.

■ La Déclaration universelle des Droits de l'Homme de 1948

Les idées qui ont servi de base à la Déclaration des Droits de l'Homme et du Citoyen de 1789 ont inspiré de nombreux citoyens dans leur action quotidienne et permis à de nombreux peuples d'exiger des régimes démocratiques. Elles ont guidé les hommes politiques dans l'établissement de la constitution de leur pays.

Au XXe siècle, après la Seconde Guerre mondiale, l'Assemblée générale de l'O.N.U. a éprouvé le besoin de préciser, dans tous les domaines de la vie quotidienne, les droits et devoirs de chaque être humain : c'est la Déclaration universelle des Droits de l'Homme de 1948. Certains articles reprennent les idées de la Déclaration de 1789, d'autres annoncent de nouvelles libertés, de nouveaux droits applicables à tous les hommes et femmes de la planète.

Cette déclaration doit être affichée dans toutes les écoles. Nous t'en présentons quelques articles.

Article 16 : « L'homme et la femme sans aucune restriction quant à la race, la nationalité ou la religion ont le droit de se marier et de fonder une famille. »

Ce droit inscrit en 1948 répond à une situation qui n'existait pratiquement pas en 1789.

Il n'est pas encore accepté dans toutes les familles en 1987 malgré la multiplicité des mariages entre des personnes d'origine différente.

Article 23 : « Toute personne a droit au travail, au libre choix de son travail, à des conditions équitables et satisfaisantes de travail et à la protection contre le chômage. »

Ce droit affirmé en 1948 répond à une situation différente de celle de 1789.

De nombreuses personnes se retrouvent encore sans ressources lorsqu'elles sont au chômage.

Une solidarité plus large entre les hommes pourra seule faire respecter ce droit.

Article 26 : « Toute personne a droit à l'éducation. L'éducation doit être gratuite au moins en ce qui concerne l'enseignement élémentaire et fondamental. »

Ce droit, assuré dans notre pays, ne l'est malheureusement pas encore dans tous les pays du monde. La plupart essaient toutefois de le satisfaire.

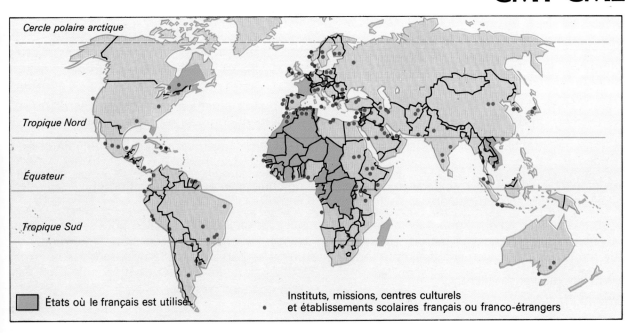

Cercle polaire arctique

Tropique Nord

Équateur

Tropique Sud

■ États où le français est utilisé

Instituts, missions, centres culturels
et établissements scolaires français ou franco-étrangers

■ Le droit des peuples à disposer d'eux-mêmes

Le 19 mars 1962, les Algériens fêtent leur droit à s'organiser librement sur leur territoire, qui était considéré comme trois départements français. Ils créent la République algérienne.

L'article 73 de la Charte des Nations Unies signée le 26 juin 1945 déclare : « Les membres des Nations Unies qui ont, ou qui assument, la responsabilité d'administrer des territoires dont les populations ne s'administrent pas encore complètement elles-mêmes » doivent les aider « dans le développement progressif de leurs institutions politiques ».

A partir du XVIe siècle et jusqu'au milieu du XIXe siècle, de nombreuses nations européennes, dont la France, ont conquis des territoires formant des « colonies ». Les colonies françaises furent administrées par des Français venus de la métropole.

Après les violences de la conquête, les administrateurs, les militaires, les ingénieurs et les médecins ont souvent accompli une œuvre pacifique et utile mais les populations locales ont, progressivement, souhaité s'organiser elles-mêmes, selon leurs traditions.

C'est surtout depuis 1945 que ces populations ont réussi, parfois après de longues luttes, à se gouverner elles-mêmes, à obtenir leur indépendance.

Cette longue histoire (colonisation, puis décolonisation) fait que plus de 35 millions de personnes parlent le français dans le monde (hors de France) et qu'il existe de nombreux pays qui ont encore des relations privilégiées avec la France.

Les Droits de l'Homme...

Respecter les Droits de l'Homme c'est d'abord respecter les droits des personnes proches avec qui nous vivons.

C'est agir pour que chaque citoyen puisse s'informer, penser librement, s'associer avec d'autres et exercer son droit de vote au travers d'élections totalement libres au suffrage universel.

C'est être attentif à toutes les situations qui mettent en danger les droits fondamentaux de l'individu.

La plupart des Etats du monde se recommandent des principes de la Déclaration universelle de 1948, mais des gouvernements ne les respectent pas toujours.

Certains gouvernements, pour des raisons économiques, des habitudes sociales, pour se maintenir au pouvoir, restreignent et parfois suppriment les libertés de pensée (en censurant l'information), de réunion, de déplacement. Ils emprisonnent, torturent les personnes qui s'opposent à eux.

Mais des citoyens veillent.

Ce sont les actions menées courageusement par certains d'entre eux que nous voulons te présenter pour conclure ce livre.

Leurs actions prouvent que chacun d'entre nous peut aider à faire de notre monde un monde meilleur.

Depuis 1977 environ, chaque semaine, un groupe de femmes surnommées « Folles de la Place de Mai » ont manifesté à Buenos-Aires pour obtenir des nouvelles des disparus et protester contre les enlèvements arbitraires commis par le gouvernement militaire argentin.

Ces femmes ont agi publiquement pour que la population réagisse avec elles et oblige le nouveau gouvernement à leur rendre justice. Il est parfois nécessaire de prendre des risques pour défendre les Droits de l'Homme.

Aux Etats-Unis, le pasteur noir Martin Luther King a encouragé la population noire à conquérir sans violence les mêmes droits que les Blancs.

Il a réussi à faire voter des lois permettant
— l'éducation dans les mêmes écoles,
— la circulation dans les mêmes autobus,
— le logement dans les mêmes quartiers,
— les mêmes possibilités d'accès aux responsabilités professionnelles et politiques.

Il mourut assassiné en 1968. En 1964, il avait obtenu le Prix Nobel de la Paix.

Tous les hommes ne bénéficient pas des droits fondamentaux comme le droit à un niveau de vie correct, le droit à la santé.

Une catholique, mère Teresa, a organisé la solidarité internationale contre la faim et la maladie en Inde. Son action lui valut le Prix Nobel de la Paix en 1979.

... une conquête permanente

**POURQUOI
AMNESTY
INTERNATIONAL ?**

parce que :

● Partout dans le monde, des centaines de milliers d'individus sont opprimés, emprisonnés, torturés, assassinés du seul fait de leurs opinions, de leurs croyances, de leur race...

● La liberté d'opinion est l'affaire de chacun, c'est un bien qu'il appartient à tous de défendre.

● En défendant la liberté des autres, c'est aussi la nôtre que nous défendons.

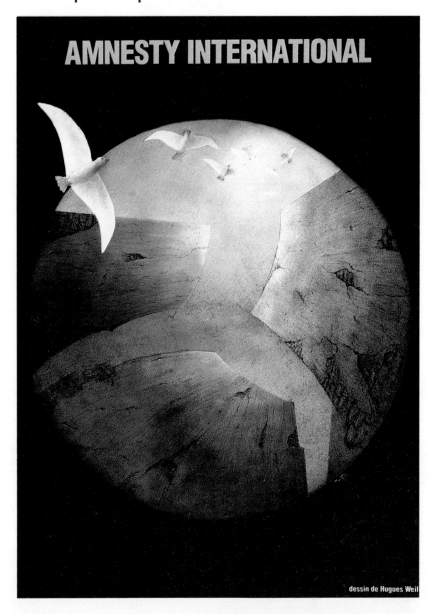

Cette association internationale prend en charge les personnes emprisonnées pour avoir voulu défendre ou exercer les Droits de l'Homme définis dans la Déclaration universelle des Droits de l'Homme de 1948.

Elle regroupe plus de 500 000 membres, dont 30 000 en France, dans 160 pays.

Ses adhérents, animés par un sens aigu de la dignité de chaque individu, prennent en charge, par groupe, un prisonnier d'un pays qui n'est pas le leur et recherchent toutes les solutions possibles pour obtenir sa libération.

Amnesty International a obtenu le Prix Nobel de la Paix en 1977.

Tu as la chance de vivre dans un des rares pays démocratiques qui respecte les Droits de l'Homme et du Citoyen. Il dépend de ton action actuelle et future que la France reste ce pays de libertés, malgré les difficultés qui peuvent exister.

Je suis français...

Arrivé à la fin de ce livre tu as pris conscience des règles qui fondent la démocratie française.

Les leçons 22 à 30, le dossier final sur les Droits de l'Homme t'ont montré que la France n'est pas un pays isolé et que sa vie dépend aussi de règles internationales.

Ce jeu permettra, aux élèves du CM₁ sur la page de gauche, à ceux du CM₂ sur celle de droite, de vérifier quelques connaissances.

Les réponses sont à trouver dans les leçons 22 à 30 et dans le dernier dossier.

1. La défense nationale repose sur quatre corps d'armée :
La marine — l'armée de terre — l'armée de l'air. Quel est le quatrième ?

2. En France, le service militaire national est-il réservé aux hommes ?
OUI - NON.

3. La C.E.E. est l'union volontaire de différents pays européens. Que veulent dire ses initiales :
— Communauté économique européenne ?
— Communauté européenne écologiste ?

4. Quels sont, dans la liste suivante, les 6 pays fondateurs de la C.E.E. ?
Allemagne — Espagne — Luxembourg — Grande-Bretagne — France — Suisse — Belgique — Hollande — Italie.

5. Quel est le nom de l'organisation dont le siège est à New-York et qui rassemble la plupart des pays du monde ?

6. L'U.N.E.S.C.O., dont le siège est à Paris, est-elle une organisation qui s'occupe :
— de la santé dans le monde ?
— de l'éducation, de la science et de la culture dans le monde ?

7. La population française d'origine étrangère représente-t-elle :
— entre 10 et 100 nationalités, ou plus de 100 ?

8. De quelle partie du monde viennent en majorité les immigrés ?
— de l'est, du sud, du nord ou de l'ouest de la France ?

9. La prise de la Bastille est-elle le symbole :
— de la République française ?
— de la Révolution française ?

10. A quelle date « la Déclaration des Droits de l'Homme et du Citoyen » fut-elle proclamée en France ?
— 800 — 1789 — 1848 — 1918.

... dans le monde

1. La diplomatie est basée sur les échanges, les discussions. Quel est son but ?
   — Permettre la victoire en cas de guerre ?
   — Maintenir de bons rapports et éviter les conflits ?

2. Notre pays essaie d'entretenir de bons rapports avec les autres pays du monde grâce à ses ambassadeurs. Combien sont-ils ?
   — moins de 100 ?
   — plus de 100 ?

3. Parmi les assemblées qui gèrent la Communauté économique européenne, quelle est celle dans la liste suivante qui est formée de représentants élus ?
   — Conseil européen — Parlement européen — Cour de Justice — Conseil des ministres.

4. Combien de villes françaises sont-elles jumelées avec des villes européennes ?
   — 25 — une centaine — 2000 environ ?

5. L'U.N.I.C.E.F. est-elle une organisation
   — nationale ou internationale ?
   — s'occupant prioritairement des enfants ou des malades ?

6. Dans les pays touchés par la famine, des actions précises permettent de sauver des vies. Peux-tu en citer 3 ?

7. Habites-tu :
   — Dans un pays riche ?
   — Dans un pays du Tiers-Monde ?

8. Dans quels continents se situent les nations les plus pauvres ?
   — Asie — Afrique — Australie — Europe — Amériques (du sud ou du nord)

9. Parmi ces personnes quelle est celle qui évoque l'abolition de l'esclavage ?
   — Charles de Gaulle — Victor Schœlcher — mère Teresa

10. Quel est le nom du texte signé en 1948 par les Etats membres de l'Organisation des Nations Unies ?

Suggestion :
La presse, la radio, la télévision nous apprennent les grands événements qui bouleversent des régions entières de la planète.
En cas de catastrophe, la solidarité s'organise.
Si un événement aussi grave survient, établis avec tes camarades, un dossier mettant en évidence la solidarité internationale entre les hommes.

JEU

Documents

■ Bilan européen des accidents de la route pour l'année 1986

Les nombres globaux de victimes pour l'année 1986 et les variations par rapport à l'année 1985 montrent l'importance du problème de la sécurité routière en Europe et la nécessité pour chacun de participer de façon responsable à la sécurité de tous.

Pays	Période de référence	Nombre d'accidents corporels	Variation sur 12 mois	Nombre de blessés	Variation sur 12 mois	Nombre de tués (avec définition du tué) [1]	Variation sur 12 mois
Autriche	janv.-déc. 86	43 489	− 3,1 %	56 736	− 3,0 %	1 331 (3 jours)	− 2,0 %
Belgique	oct. 85-sept. 86	54 477	+ 0,5 %	74 477	+ 0,8 %	1 507 (30 jours)	+ 7,0 %
Espagne	juil. 85-juin 86	84 143	+ 10,3 %	131 149	+ 10,1 %	5 129 (24 h)	+ 7,3 %
France	déc. 85-nov. 86	182 628	− 5,5 %	256 602	− 6,4 %	10 824 (6 jours)	+ 1,8 %
Irlande	janv.-nov. 86 (11 mois)	?	?	6 973	− 1,0 %	345 (30 jours)	− 8,5 %
Luxembourg	janv.-déc. 86	4 693	+ 0,9 %	1 861	− 8,5 %	76 (30 jours)	− 3,8 %
Pays-Bas	janv.-nov. 86 (11 mois)	43 752	+ 3,6 %	50 496	+ 4,2 %	1 530 (30 jours)	+ 6,4 %
Portugal	janv. 85-fév. 86	35 039	+ 12 %	39 456	+ 11 %	1 892 (24 h)	+ 4 %
R.F.A.	janv.-nov. 86 (11 mois)	?	?	408 859	+ 4,6 %	8 165 (30 jours)	+ 7,4 %
Suède	janv.-déc. 86	15 293	+ 5,8 %	20 055	+ 4,9 %	726 (30 jours)	+ 6,0 %
Suisse	nov. 85-oct. 86	24 080	− 2,1 %	30 024	− 0,2 %	1 043 (30 jours)	+ 11,7 %

1. Dans la colonne 7 du tableau ci-dessus, tu as pu observer que, selon les pays, on ne compte pas de la même façon les personnes qui, blessées dans un accident de la route, meurent plus tard des suites de leurs blessures. Cette différence dans les durées d'observation statistique rend la comparaison des nombres de tués entre les pays un peu plus incertaine.

Revue du Comité de la Sécurité Routière,
N° 56, Mars-Avril 1987.

■ **Les pratiques culturelles des Français.**
Enquête statistique réalisée par l'I.N.S.E.E.

PRATIQUES CULTURELLES	Proportions de personnes pratiquantes (en %)	
	Femmes	Hommes
Lecture		
• Ont lu au moins un livre dans l'année	73,3	74,8
• Lisent un quotidien tous les jours ou presque	52,6	60,4
• Lisent régulièrement un magazine féminin ou familial	30,8	9,1
• Lisent régulièrement une revue littéraire, artistique, scientifique, historique	9,3	13,3
• Lisent le plus souvent		
— romans	37,7	19,0
Audiovisuel		
• Écoutent la radio plus de 20 h par semaine	33,3	22,7
• Regardent la télévision plus de 20 h par semaine	43,1	33,9
• A la télévision, regardent souvent ou de temps en temps :		
— Music-hall, variétés	74,8	67,2
— Emissions médicales	65,9	50,2
— Vie dans d'autres pays	63,0	55,7
— Dramatiques et téléfilms	62,5	54,3
Jeux et travaux divers		
• Ont joué au moins une fois dans l'année :		
— au PMU	13,7	21,3
— au Loto	49,2	50,9
— loterie nationale	15,1	12,2
• Font souvent des travaux de couture, tricot, crochet, tapisserie	57,9	1,8
• Expérimentent souvent de nouvelles recettes de cuisine	46,3	9,4
• Font souvent du petit bricolage (étagère, montage de lampe...)	16,1	41,0
• Font souvent du gros bricolage (plomberie, électricité...)	3,8	26,6
Sports		
• Ont pratiqué régulièrement au cours de l'année :		
— gymnastique, footing, jogging	16,5	18,2
— sports individuels	9,3	16,8
— sports collectifs	2,6	12,7
• Pratiquent la pêche	25,9	29,8
• Pratiquent la chasse	11,9	14,3
Sorties et réceptions		
• Sortent le soir au moins de temps en temps	71,1	80,8
dont :		
— chez des amis	52,2	64,6
— chez des parents	51,0	57,9
— au spectacle	36,1	43,6

Questions :

- Quelles sont les lectures les plus régulières des hommes ? des femmes ?

- Quelles sont les émissions préférées des téléspectateurs français ?

- Les femmes sont-elles moins sportives que les hommes ? Quelles activités sportives préfèrent-elles ?

■ La place des femmes élues dans la vie politique française

	Total des membres	Nombre de femmes	% de femmes
Maires	36 451	1 451	4
Conseillers municipaux	499 358	72 131	14
Conseillers généraux	3 694	158	4
Députés	577	34	6
Sénateurs	317	9	3
Ministres et secrétaires d'État	41	4	10
Parlementaires européens français	81	17	21

Question :

● Évalue la place des hommes, dans la vie politique française, en nombre et en pourcentage.

Mesdames les maires ont le moral. Une fois installées aux commandes de leur ville, elles se sentent (presque) plus compétentes que les hommes. Capables, comme eux, de plonger le nez dans les colonnes du budget, de patauger dans la boue des chantiers, mais aussi d'évoluer avec aisance dans les relations publiques et humaines.

Le plus dur, c'est d'y arriver. Mais si ce siège leur est presque inaccessible, ce n'est pas seulement la faute des hommes.

Les femmes ont leur part de responsabilités. Manque de confiance en elles, d'intérêt pour la vie publique, et de solidarité envers leurs compagnes qui osent s'exposer au suffrage universel. « Les femmes ne votent pas pour les femmes, c'est bien connu. »

Sans rancune, mesdames les maires essaient parfois de féminiser leur conseil municipal. Mais elles ont du mal à susciter des vocations. Décourageant... d'autant qu'avec les subtils dosages politiques, associatifs et professionnels, le critère « femme » passe souvent à la trappe.

Mireille Thibault,
Le Quotidien du Maire, n° 23,
du 25 juillet 1987.

Associations féminines s'intéressant à la vie politique

● **Dialogue des villes de France** (UDF) :
110 bis, avenue de Sufresne, 75015 Paris.

● **Femmes Liberté** (UDF-PR) :
14, rue du Colonel-Moll, 75017 Paris.

● **Femmes Avenir** (RPR) :
6, cité Martignac, 75007 Paris.

● **Mariannes** (PS) :
33, rue Campagne-Première, 75014 Paris.

● **Union des femmes françaises** (PC) :
146, rue du Faubourg-Poissonnière, 75010 Paris.

● **Union féminine civique et sociale :**
6, rue Béranger, 75013 Paris.
(Organise des stages de formation politique.)

■ Quelques données sur le sous-développement

Des progrès ont été réalisés dans certains pays du Tiers-Monde au cours de ces vingt cinq dernières années. Cependant, actuellement encore, trois milliards d'êtres humains ont un revenu annuel inférieur au revenu mensuel des habitants des pays industrialisés... (tableau 1).

Ces données montrent bien le fossé qui sépare le Nord et le Sud ; elles illustrent bien le sous-développement dont les caractéristiques sont connues : malnutrition, analphabétisme, chômage massif, maladies, épidémies... (tableau 2).

Ainsi, le nombre d'enfants souffrant de carences alimentaires graves pourrait passer de 400 millions à 600 millions d'ici dix à vingt ans !

Les causes de ce sous-développement sont également bien identifiées : ressources naturelles limitées ou insuffisamment exploitées, prix alimentaires artificiellement bas qui découragent les producteurs locaux, aléas climatiques et aussi, parfois, inadaptation des techniques de culture et d'élevage, sans compter le poids exercé sur nombre de pays de l'hémisphère sud par les pays industrialisés autrefois colonisateurs qui ont eu tendance à imposer à l'ensemble de leurs partenaires un ordre économique et culturel créé par et pour les pays riches.

Tableau 2

Espérance de vie à la naissance		Hommes	Femmes
Pays en voie de dévelop-pement	Côte d'Ivoire	50	53
	Jamaïque	68	72
	Kenya	55	59
	Mali	43	47
	Zaïre	49	52
C.E.E.	Danemark	72	78
	France	72	79
	Irlande	70	76
	Portugal	68	74
	R.F.A.	72	78

Source : Banque Mondiale.

Entre l'Europe et les Pays en voie de développement (P.V.D.) les échanges sont nécessaires.

L'Europe a besoin de matières premières (tableau 3) et de clients pour ses produits. Elle peut aider le Tiers-Monde à augmenter son pouvoir d'achat en accueillant ses exportations et en accroissant l'aide au développement.

Dossier F.E.N. à l'occasion de la Journée du Tiers-Monde à l'École.

Tableau 1

P.I.B. [1] par habitant en francs (1983)		
Pays en voie de développement	Mali	1 216
	Zaïre	1 292
	Côte d'Ivoire	5 396
	Kenya	2 584
	Jamaïque	9 880
C.E.E.	Irlande	38 000
	Danemark	87 932
	France	79 800
	Portugal	16 948

1. Le P.I.B. (produit intérieur brut) mesure la richesse économique, la richesse des productions agricoles, minières, industrielles, de services,... de chaque pays. En le divisant par le nombre d'habitants, on obtient le P.I.B. par habitant.

Tableau 3

La dépendance de la C.E.E. pour quelques produits (1982) (en % des importations extra-communautaires)	
70-80	Épices, phosphates naturels, cuivre
60-70	Tourteaux, aluminium
50-60	Fer, tabac, manganèse
40-50	Zinc, coton, plomb, produits pétroliers
30-40	Arachides, tungstène
20-30	Riz

Source : Eurostat Siena.

Références photographiques

8 1 Ph. © Ministère des Transports/Cepas - DSCR.
2 *ht* Phaéton à pétrole de Panhard et Levassoz (type 1896). Bibliothèque des Arts Décoratifs, Paris. Ph. Jean-Loup Charmet © Archives Photeb.
m. « 6 cyclindres » Renault (1921) Litho de Draeger. Ph. © Régie Nationale des Usines Renault/Archives Photeb.
b. Visa 17RD Citroën. Ph. © Citroën.
10 6 Zone piétonne, rue Saint-Denis. Ph. Jeanbor © Photeb.
11 7 Ph. © Peugeot.
8 Ph. © Conseil général de l'Oise/Photeb.
9 Ph. © Sécurité routière/Photeb.
12 2 Ph. © R. Lanaud/EXPLORER.
13 3 Ph. © La Prévention routière. Saône-et-Loire.
5 Ph. © Conseil général du Val d'Oise.
14 6 Ph. © François Varin.
7 Ph. © Ministère des Transports/Cepas-DSCR.
15 8 Ph. © Ministère des Transports/Cepas-DSCR.
9 Ph. © C.M.T./Assistance publique/Archives Photeb.
16 2 *L'instruction obligatoire*, tableau de H.-J.-J. Geoffroy. Musée Carnavalet, Paris. Ph. Michel Didier © Archives Photeb D.R.
17 3 Ph. © Pascale Roche/PETIT-FORMAT.
18 6 Ph. © Ginies/SIPA-PRESS.
20 1 Gravure anonyme (fin XIXᵉ s.) — I.N.R.P. Musée National de l'Education. Ph. © du Musée/Archives Photeb.
2 Miniature de *Chants royaux sur la Conception Couronnée de Puy de Rouen*, fol. 29 : *Le Doctrinal sans macule imprimé*, de N. Lescarre, 1520. Bibliothèque Nationale, Paris. Ph. © Bibl. Nat./Archives Photeb.
21 3 © Hachette, 1959.
22 6 Ph. © Richard Phelps Frieman/RAPHO.
23 8 Ph. © P. Delarbre/EXPLORER.
24 2 Ph. © O.C.C.E.
26 2 Musée historique, Lyon. Ph. René Basset © Archives Photeb.
27 3 « Les gais bourreyeux » du Loir-et-Cher. Ph. © D. Clément/EXPLORER.
28 Ph. © Phedon Salon/ARTEPHOT.
29 *ht dr.* Ph. Michel Didier © Photeb.
b.g. Ph. Michel Didier © Photeb.
b. dr. Ph. © J. Pavlovsky/SYGMA.
31 *b. dr.* © Centre d'Information Civique, Paris. Ph. Michel Didier © Photeb.
34 1 *Atelier des cribles à secousses de l'usine de la Vieille Montagne au Creusot*, tableau de I.-F. Bonhomme, vers 1850-60. Musée National des Techniques, Paris. Ph. © du Musée/Archives Photeb.
2 *Caisse de grève*, par T.-A. Steinlen, dans *L'Assiette au beurre* du 4 avril 1901. Bibliothèque Nationale, Paris. Ph. Jeanbor © Archives Photeb © by SPADEM 1987.
35 4 *La grève*, par J. Adler. Musée des Beaux-Arts, Pau. Ph. Luc Joubert © Archives Photeb © by SPADEM 1987.

5 *La réunion syndicale*, par L.-H. Jonas. Musée du Charbonnage, Anzin. Ph. Jeanbor © Archives Photeb D.R.
6 Ph. © COLLECTION VIOLLET/Photeb.
36 1 Ph. © E. de Malglaive/SYGMA.
37 3 Ph. © Bruno Barbey/MAGNUM.
4 Ph. © G. Carde/EXPLORER.
5 Ph. © Francis Jalain/EXPLORER.
38 1 Ph. © by Pr. Freche, service O.R.L.-C.M.C. Foch/Laboratoire Fournier Frères, Paris.
2 *Le jour de la visite à l'hôpital*, par H.-J.-J. Geoffroy, 1889. Hôtel de Ville de Vichy. Ph. Luc Joubert © Archives Photeb.
40 1 Ph. © Susan Meiselas/MAGNUM.
2 *Le train des blessés*, par Henri Gerveix. Ph. Jeanbor © Photeb.
41 *g.* Ph. © Luc Chessex/CICR.
m. Ph. © B. Barbey/CICR.
dr. Ph. © W. Knobel/CICR.
42 1 Ph. Michel Didier © Photeb.
2 *g.* Ph. Jeanbor © Photeb.
dr. Ph. © CAP ROGER-VIOLLET.
43 3 Ph. Michel Didier © Photeb.
4 Collection particulière. Ph. Jeanbor © Photeb.
5 Ph. © SIC-PTT.
44 6 Ph. © J. Langevin/SYGMA.
7 Ph. © P. Chauvel/SYGMA.
46 1 Ph. Michel Didier © Photeb.
48 4 Ph. © Pierre Vauthey/SYGMA.
49 *b.* Ph. Jeanbor © Photeb.
50 2 Aquarelle d'A. Kermabon, 1889. Musée de la Poste, Paris. Ph. Jeanbor © Photeb.
51 3 Ph. © SIC-PTT.
52 4 Ph. © SIC-PTT.
5 Ph. © SIC-PTT.
53 6 Ph. © SIC-PTT.
54 1 Ph. © ARIANE-ESPACE
2 Collection particulière. Ph. Kharbine © Archive Photeb D.R.
55 3 Ph. © Loucel/FOTOGRAM.
4 Ph. © Rancinan/SYGMA.
5 Ph. © Betry/A.A.A.
56 6 Ph. Michel Didier © Photeb.
7 Ph. © Régie Renault.
57 8 Ph. © Daniel Gaugez/FOTOGRAM.
59 *b. dr.* Ph. © MG/RAPHO.
60 *ht g.* Ph. Mistral-Photo © Archives Photeb.
ht dr. Ph. Michel Didier © Photeb.
b. g. Ph. © F. Poncet/SYGMA.
b. dr. Ph. © Laurence Brun/PETIT-FORMAT.
61 *h. dr.* Ph. Michel Didier © Photeb.
b. g. Ph. © A. Noguès/SYGMA.
b. dr. Ph. © SYGMA.
64 1 Ph. © Halary/RAPHO.
65 3 Ph. Jeanbor © Photeb.
67 8 *ht* Ph. © M. Manceau/RAPHO.
b. Ph. © J.-L. Bohin/EXPLORER.
68 2 Ph. © N. Thibaut/EXPLORER.
69 4 Ph. © Persuy/SYGMA.
70 6 Ph. © Les Transformeurs/ANRED.
7 Ph. © Editions Cellard © by SPADEM 1987.
72 1 Expo. : « Cartes et figures de la Terre », Beaubourg, 1980. Collection Pierre Dietsch, Paris D.R. Ph. Luc Joubert © Archives Photeb.

2 Bibliothèque Nationale, Paris. Ph. © Bibl. Nat./Archives Photeb.
73 3 Ph. Jeanbor © Photeb.
74 5 Ph. © Conseil général de l'Oise.
75 7 *g.* Ph. © Conseil général des Côtes-du-Nord.
m. Ph. © Conseil général de l'Isère.
dr. Ph. © Conseil général du Val d'Oise.
76 1 *Le siège de Besançon, pendant la conquête de la Franche-Comté, en 1674*, par J.-B. Martin. Musée municipal, Dôle. Ph. Christian Robert © Archives Photeb.
2 Louis XII, le Cardinal d'Amboise, Anne de Bretagne et Claude de France. Dans *Entretiens familiers sur la bonne et la mauvaise fortune*, par Pétrarque. Bibliothèque Nationale, Paris. Ph. © Bibl. Nat./Archives Photeb.
77 3 Ph. © Gilles Bassignac.
78 5 Ph. © by Centre d'Information Civique, Paris. Ph. Jeanbor © Archives Photeb.
6 Photo Flandre.
80 1 *Le Serment du Jeu de Paume*, d'après J.-L. David, v. 1791, Musée Carnavalet, Paris. Ph. Jeanbor © Archives Photeb.
2 Ph. © KEYSTONE.
82 5 Ph. © J. Pavlovsky/SYGMA.
6 Ph. © Langevin-Nogues/SYGMA.
83 7 Ph. © Studio OROP.
84 1 Ph. © A. Noguès/SYGMA.
2 Ph. © ROGER/VIOLLET/Photeb.
85 *ht g.* Ph. © J. Langevin/SYGMA.
ht m. Ph. © Witt/SIPA-PRESS.
ht dr. Ph. © J.-C. Francolon/GAMMA.
b. g. Ph. © A. Noguès/SYGMA.
b.m. Ph. © P. Habans/SYGMA.
b. dr. Ph. © Munoz de Pablos/EXPLORER.
86 4 Ph. © P. Vauthey/SYGMA.
87 *ht m.* Ph. © Piel/GAMMA.
88 1 Ph. © M. Philippot/SYGMA.
2 Musée des Arts et Traditions populaires, Paris. Ph. Jean-Michel Labat © Archives Photeb.
90 1 Ph. © Studio OROP.
2 Musée Carnavalet, Paris. Ph. Jeanbor © Archives Photeb.
91 3 *g.* Ph. Francis Reyes © Archives Photeb.
m. Ph. © F. Varin/Archives Photeb.
dr. Ph. © Decout/IMAPRESS.
92 *ht* Ph. © P. Kyriazis/SYGMA.
b. Ph. Jeanbor © Archives Photeb.
93 *g.* Ph. © Protet/PIX.
dr. Ph. © La Cigogne/PIX.
94 *g.* Ph. © Conseil général du Val-d'Oise.
m. Ph. © Studio Michel/SOVAM.
dr. Ph. Michel Didier © Photeb.
95 Ph. © Bisson/SYGMA.
98 1 Ph. © A. Noguès/SYGMA.
2 *Départ des volontaires pour l'armée*, par E. Detaille (1907). Musée de l'Armée, Paris. Ph. Hubert Josse © Archives Photeb.
99 3 Ph. Michel Didier © Photeb.
4 Ph. © Dejean/SYGMA.
100 1 Copie d'un original attribué à Holbein. Musée National du Château de Versailles. Ph. Luc Joubert © Archives Photeb.

101 3 Ph. © Boccon Gibod/SIPA-PRESS.
4 *ht.* Ph. © A. Piccou/A.A.A. Photo.
b. Ph. © Trampe/SIPA-PRESS.
102 1 Ph. © Airbus Industrie.
2 Ph. © ROGER/VIOLLET/Photeb.
104 1 © C.C.R.E.
105 2 Ph. © Odile/SIPA-PRESS.
3 Ph. © Silvester/RAPHO.
4 Ph. © A. Keler/SYGMA.
5 Ph. © Parlement européen/Archives Photeb.
106 1 *g.* Ph. © Rosen/SIPA-PRESS.
dr. Ph. © F.A.O., FISE/U.N.I.C.E.F., U.N.E.S.C.O., B.I.T., WHO/O.M.S.
2 © by Le Comité pour la publication du livre *Hiroshima-Nagasaki*, Tokyo/Archives Photeb D.R.
107 *ht* Ph. © J.-P. Laffont/SYGMA.
b. Ph. © Médecin sans frontières.
108 1 Ph. Jeanbor © Photeb © FISE/U.N.I.C.E.F.
2 Ph. © FISE/U.N.I.C.E.F.
109 Ph. © FISE/U.N.I.C.E.F.
110 1 Ph. © Tufan/SIPA-PRESS.
2 Affiche pour la journée serbe (25 juin 1916) par T.-A. Steinlen. Musée des Deux Guerres Mondiales (B.D.I.C. - Universités de Paris). Ph. Jeanbor © Photeb © by SPADEM 1987.
111 3 Ph. Jeanbor © Archives Photeb.
4 Ph. © J. Guichard/SYGMA.
112 1 *g.* Ph. © Bert Demmers/FISE/U.N.I.C.E.F.
dr. Ph. © Naud/A.A.A. Photo.
114 *g.* Bibliothèque du Musée des Arts Décoratifs, Paris. Ph. Jean-Loup Charmet © Archives Photeb.
m. *Psautier de la Reine Mary*, début du XIVᵉ s.: British Library, Londres. Ph. © British Library Londres/Archives Photeb.
dr. *Prise de la Bastille* par Claude Cholat (XVIIIᵉ s.). Musée Carnavalet, Paris. Ph. Jeanbor © Archives Photeb.
115 Musée d'Unterlinden, Colmar. Ph. Musée de la Révolution française, Vizille © Photeb.
116 Ph. © ROGER/VIOLLET/Photeb.
117 *ht g.* *Carnot à Wattignies* par G. Moreau de Tour (1885). Musée d'Evreux - ancien Evêché - Evreux. Ph. Camara, Evreux © Photeb.
b.g. *Rouget de l'Isle chantant la Marseillaise pour la première fois*, par I. Pils (1849). Musée historique, Strasbourg Ph. Franz Jupp © Archives Photeb.
dr. *Abolition de l'esclavage à l'Ile de la Réunion le 20 décembre 1848*, par Garreau. Musée des Arts africains et océaniens, Paris. Ph. Jean-Loup Charmet © Archives Photeb.
118 *g.* Ph. © P. Vauthey/SYGMA.
ht dr. Ph. © Picon/A.A.A. Photo.
b. dr. Ph. © Boutin/A.A.A Photo.
119 *b.* Ph. © Marc Ribout/MAGNUM.
120 *ht g.* Ph. © Coll. PPP/IPS/Archives Photeb.
b.g. Ph. © G. Spengler/SYGMA.
dr. Ph. © J.-C. Francolon/GAMMA.
121 © by Amnesty International/Photeb.

Imprimerie I.M.E. - 25110 Baume-les-Dames - Dépôt légal Novembre 1987 - N° d'imprimeur 6976
Achevé d'imprimer en octobre 1987